오리고 꾸미고 붙여서 완성하는

매일매일
사계절 종이접기

이마이 미사 지음
양수현 옮김

KB194525

로그인

차례

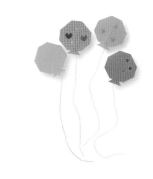

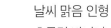

종이접기 방법과 기호

이 책에 나오는 종이접기 방법과 기호를 알아볼게요.

계곡 접기

표시선이 안쪽에 오도록 접어요.

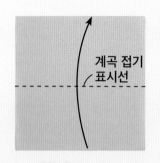

계곡 접기
표시선

산접기

표시선이 바깥쪽에 오도록 뒤로 접어요.

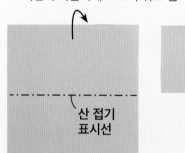

산 접기
표시선

표시선

접었다 폈을 때 생기는 접는 선

표시선

등분 기호

같은 길이를 뜻해요.

표시선 만들기

한 번 접었다가 다시 펴요.

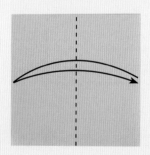

넘어 접기

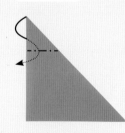

① 선을 따라 접었다 펴요.

② 종이 사이를 벌리고, 표시선에 맞춰 모서리를 안으로 접어 넣어요.

뒤집기
앞면이 뒤로 가게 뒤집어요.

방향 바꾸기
종이의 각도를 돌려요.

가위로 자르기
선을 따라 잘라요.

크게 보기
사진을 크게 보여줘요.

색종이

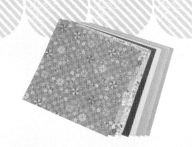

색종이는 기본적으로 뒷면이 하얀 단면 색종이를 써요.
하지만 양면 색종이를 쓰는 모티브 종이접기도 있어요.
색은 어떤 것을 골라도 OK!
옷 갈아입는 종이인형을 만들 때는 무늬 있는 색종이를 추천해요. 느낌이 확 달라진답니다.

이 책에 나오는 색종이 크기

색종이의 기본 사이즈는 15×15㎝랍니다. 그대로 쓰기도 하지만 잘라서 쓰기도 해요.
그림의 까맣게 표시된 부분이 실제로 사용하는 크기예요. 작품에 맞는 크기의 색종이를 준비해 주세요.

1장	■ ◆	1/4장	▦ ◈ ▥ ▤
1/2장	▮ ▬	1/8장	▦ ▦ ▥ ▤
1/9장	◈ ▦	1/16장	◈ ▦ ▦
1/32장	▦ ▦	1/36장	◈

※ 만드는 법 페이지에 색종이 크기와 접는 법이 알기 쉽게 나와 있어요.
    색종이 크기에 주의하며 접어 보세요.
※ 색종이를 5×10㎝로 잘라서 쓰는 모티브 종이접기도 있어요.

종이접기 포인트와 도구

반듯이 잘 접는 법

1 색종이를 반으로 접어요.

2 종이가 겹쳐진 부분을 손가락으로 누른 채 아래로 움직여요.

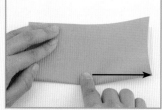

3 왼손으로 색종이를 누른 다음 오른 손가락을 오른쪽 끝까지 움직여 표시선을 만들어요.

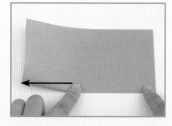

4 오른손으로 색종이를 누른 다음 왼 손가락을 가운데에서 왼쪽 끝까지 움직여 표시선을 만들어요.

[네모 접기]
위와 같이 손가락을 1에서 아래로, 2에서 오른쪽으로, 3에서 왼쪽으로 움직여요.

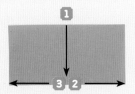

[세모 접기]
직사각형을 접을 때처럼 손가락을 1에서 아래로, 2에서 오른쪽으로, 3에서 왼쪽으로 움직여요.

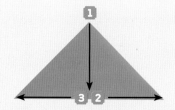

도구

종이를 접거나 리스를 꾸밀 때 쓰면 편리한 도구를 소개할게요.

1 **자**_길이를 잴 때 사용해요.

2 **매직 테이프**_접착면을 바깥으로 둥글게 말아 고리를 만들 수 있어요. 종이 안쪽에 붙이면 리스 등을 이어 붙일 때 편해요.

3 **풀 테이프**_한 번에 쉽고 깔끔하게 붙일 수 있어요.

4 **풀**_세세한 부분이나 큰 면을 붙일 때 편해요.

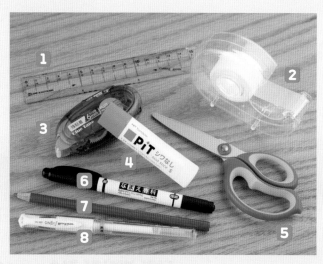

5 **가위**_자기 손에 맞는 가위를 준비하세요.

6 **유성펜**_얼굴이나 무늬를 그릴 때 사용해요.

7 **색연필**_입이나 볼 등을 그릴 때 사용해요.

8 **화이트펜**_반짝이는 눈동자를 그릴 때 사용해요.

꾸미기 방법

스티커와 펀치를 사용하면 리스나 모티브 종이접기를 예쁘게 꾸밀 수 있어요.

스티커

별, 리본 스티커나 금박·은박 스티커, 반짝이 스티커, 입체 스티커 등을 사용하면 훨씬 화려해져요.

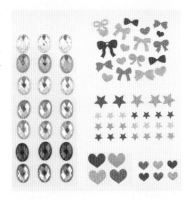

동그란 스티커

눈이나 입 등을 만들 때 동그란 스티커를 활용하면 쉽고 간단해요. 잘라서 쓸 수도 있답니다. 작품에 어울리는 크기와 무늬를 골라 보세요.

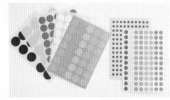

펀치

색종이를 끼우고 누르면 꽃이나 눈송이 모양으로 구멍이 뚫려요. 펀치가 있으면 작품을 꾸밀 때 편리해요.

[주로 쓰는 펀치 종류]

약 1㎝

약 1.5㎝

약 2.5㎝

꾸미기 포인트

리스나 액자, 카드를 만들 때는 가장 중요한 종이접기 작품을 가운데에 놓아요. 전체적인 균형을 살피면서 빈 곳에 다양한 크기와 모양의 펀치, 스티커를 붙여 보세요. 그러면 예쁘게 꾸밀 수 있답니다.

밸런타인 고양이의 하트 카드

산타와 크리스마스 트리 액자 ▶p.27

닭과 병아리 리스 ▶p.19

옷 갈아입는 종이인형

여자아이와 남자아이의 머리 모양과 옷을 바꾸고, 모자를 씌우고, 가방을 골라요.
근사한 차림으로 한껏 멋을 부려 보세요.
교복을 입히거나 계절에 맞는 긴소매 옷으로 바꾸는 등 다양하게 조합할 수 있어요.

모자▶p.38, 39

풍선▶p.53

긴소매 원피스▶p.33

재킷▶p.35
치마▶p.36

어깨 가방▶p.39

오늘
뭐 입을지
정했니?

만드는 방법은 같아도 체크나 물방울,
과일 무늬 색종이를 쓰거나 반짝이 스티커로 꾸미면
개성 가득 나만의 패션을 완성할 수 있어요!

동물 친구들

곰▶p.41

토끼▶p.41

꽃▶p.55

병아리▶p.42

달걀▶p.42

닭▶p.40

닭 접는 방법을 조금만 바꾸면 곰이나 토끼로 변신이 가능해요.
병아리 접는 방법을 응용해 달걀도 접어 보세요. 다람쥐와 라쿤, 고양이는
발이나 꼬리 위치를 바꿔서 움직이는 느낌을 주면 훨씬 귀여워진답니다.

다람쥐▶p.46
도토리▶p.76

라쿤▶p.44

고양이▶p.43

11

활짝 꽃 피우기

색종이를 접고, 오리고, 펼치고, 겹쳐서 알록달록한 꽃을 만들어 볼까요?
데이지, 장미, 해바라기 등 계절에 맞는 꽃을 장식하면 방이 밝아진답니다.
편지와 함께 보내는 깜짝 선물로도 좋아요. 받는 사람이 분명 기뻐할 거예요.

무당벌레▶p.54
클로버▶p.55

들꽃
▶p.56

데이지▶p.60

장미▶p.58

포인세티아▶p.91

해바라기▶p.72

클로버▶p.55

꽃▶p.55

무당벌레▶p.54

봄 모티브

색색깔의 꽃이 피고, 동물들이 기운차게 뛰노는 봄.
무당벌레와 꽃, 클로버를 연결해서 늘어뜨리면 근사한 장식이 돼요.
동물 종이접기는 부활절에도 활용할 수 있어요.

곰▶p.41

토끼▶p.41

닭▶p.40

병아리▶p.42

딸기▶p.61

초롱불 ▶p.69

축제 의상
▶p.68

부채 ▶p.66

여름 모티브

2단 아이스크림
▶p.65

수박 아이스바 ▶p.63

반반 아이스바 ▶p.62

초콜릿 바나나
▶p.67

여름에는 머리가 띵해지는 차가운 아이스크림이 제맛!
좋아하는 맛으로 만들어 보세요.
여름 축제와 행사도 즐거움 중 하나예요.

아이스크림 ▶p.64

가을 모티브

가을 행사라면 어른 아이 모두가 좋아하는
핼러윈 데이를 빼놓을 수 없죠.
과자를 한가득 받을 수 있도록 호박 유령을 잔뜩 만들어 보아요.

HAPPY HALLOWEEN

벽걸이 장식▶p.76

핼러윈 모자▶p.75

토마토▶p.83

사탕
▶p.77

파▶p.80

가지▶p.82

순무▶p.78

호박 유령▶p.74

피망▶p.80

호박 고양이▶p.75

무▶p.79

당근▶p.81

겨울 모티브

모두가 손꼽아 기다리는 크리스마스.
올해는 산타 할아버지가 어떤 선물을 주실까요?

양말▶p.85

산타클로스▶p.84
풍선▶p.53

눈사람▶p.88

포인세티아
▶p.91

크리스마스트리▶p.86

MERRY
CHRISTMAS

봄 리스·액자·카드

모티브 종이접기를 조합하면 리스와 액자, 카드를 만들 수 있어요.
졸업식이나 입학식, 부활절에 장식을 하거나
감사와 축하의 마음을 담아 선물하면 좋겠죠?

※ 만드는 법에 나온 종이접기와 크기가 다른 작품도 있어요.
   (   ) 안의 색종이 크기로 만들어 보세요.

해피 부활절 리스
반짝반짝 리스▶p.51,
병아리·달걀▶p.42,
토끼▶p.41, 클로버▶p.55
* 꽃 모양 펀치를 사용해 장식해요.

들꽃 액자

귀여운 액자▶p.50, 들꽃▶p.56

* 꽃 모양 펀치를 사용해 장식해요.

장미와 데이지 액자

귀여운 액자▶p.50, 장미(1/4 크기)▶p.58,
데이지▶p.60

* 꽃 모양 펀치와 리본을 사용해 장식해요.

닭과 병아리 리스

반짝반짝 리스▶p.51,
닭▶p.40, 병아리▶p.42,
딸기▶p.61, 클로버▶p.55

* 꽃 모양 펀치를 사용해 장식해요.

신나는 입학식 카드
카드▶p.49, 교복 여자아이·남자아이▶p.37
* 꽃과 알파벳, 벽걸이 장식 스티커로 꾸며 보세요.

풍선 태피스트리
긴 태피스트리▶p.52,
여자아이·남자아이▶p.34, 풍선▶p.53
* 별 스티커로 꾸며 보세요.

장미 카드
카드▶p.49,
장미(기본 크기·1/4 크기)▶p.58
* 꽃 모양 펀치를 사용해 장식해요.

빨래하는 라쿤 리스
반짝반짝 리스▶p.51, 라쿤▶p.44, 해님▶p.65
* 꽃 모양 펀치를 사용해 장식해요. 빨랫감은 색종이를 오려서 만들고,
  거품은 꽃 모양 펀치로 만들어요.

여름 리스·액자·카드

장마가 그치고 해가 쨍쨍 내리쬐는 여름.
시원하고 생기 넘치는 색의 종이접기 작품을 한데 모아 보세요. 여름 느낌을 내기 쉽답니다.
※ 만드는 법에 나온 종이접기와 크기가 다른 작품도 있어요. (　　) 안의 색종이 크기로 만들어 보세요.

여름 리스·액자·카드

손 씻는 라쿤 카드

카드▶p.49, 라쿤▶p.44

※ 수건과 수도꼭지는 색종이를 오려서
만들고, 거품은 꽃 모양 펀치로 만들어요.

우산 소녀 카드

카드▶p.49, 여자아이▶p.34, 우산▶p.73

* 동그란 스티커를 오리면 작은 우산이 돼요. 구름은 색종이를
오려서 만들어요.

비 오는 날 액자

창틀 액자▶p.49, 여자아이▶p.34,
고양이(6×6cm)▶p.43, 날씨 맑음 인형▶p.66

* 꽃과 잎 모양 펀치, 물방울 스티커를 사용해 장식해요.

해바라기 소녀 카드

해바라기 액자

* 구름 스티커와 알파벳 스티커로 꾸며 보세요.

흰 곰과 아이스크림 액자

* 알파벳 스티커로 꾸며 보세요.

가을 리스·액자·카드

열매를 맺는 계절 가을에는 차분한 색깔이 어울려요. 카드를 액자에 넣어 전시할 수도 있답니다.
채소 꾸러미나 핼러윈 장식을 만들어 보세요.

※ 만드는 법에 나온 종이접기와 크기가 다른 작품도 있어요. (   ) 안의 색종이 크기로 만들어 보세요.

다람쥐와 도토리 카드

카드▶p.49, 다람쥐▶p.46,
도토리(두 번째 모양)▶p.76

* 나뭇가지는 색종이를 오려서 만들고,
  단풍잎과 나뭇잎 모양 펀치를 사용해
  장식해요.

건강을
지켜주는 채소들아,
고마워

채소 꾸러미 태피스트리

태피스트리▶p.52, 순무▶p.78,
토마토▶p.83, 파▶p.80, 가지▶p.82

다람쥐와 포도 액자

큰 액자▶p.48, 다람쥐▶p.46,
도토리▶p.76, 포도▶p.82

HAPPY
AUTUMN

도토리 카드

카드▶p.49,
도토리(1/4 크기·두 번째 모양)▶p.76

* 꽃과 단풍잎, 나뭇잎 모양 펀치와 알파벳 스티
커를 사용해 장식해요. 도토리는 끈으로 한데
묶어요.

핼러윈 유령 리스

반짝반짝 리스▶p.51, 호박 유령▶p.74,
핼러윈 모자▶p.75, 사탕▶p.77

* 별 모양 펀치와 별 스티커, 핼러윈 스티커를 사용해
장식해요.

핼러윈 고양이 태피스트리

긴 태피스트리▶p.52, 호박 유령(1/4 크기)▶p.74,
호박 고양이·핼러윈 모자(1/16 크기)▶p.75, 사탕
▶p.77, 호박(10×5㎝)▶p.77

* 별 모양 펀치와 별 스티커, 핼러윈 스티커를 사용해
장식해요.

핼러윈 유령 카드

카드▶p.49, 호박 유령▶p.74,
핼러윈 모자▶p.75, 벽걸이 장식
▶p.76, 호박(10×5㎝·1/8 크기)·
사탕▶p.77

* 별 모양 펀치를 사용해 장식해요.

유령 풍선 카드

카드▶p.49, 남자아이(신발=양말의 1/9 크
기)▶p.34, 풍선▶p.53, 핼러윈 모자▶p.75

* 별 스티커와 핼러윈 스티커로 꾸며 보세요.

산타와 크리스마스트리 액자
창틀 액자▶p.49, 산타클로스▶p.84,
크리스마스트리▶p.86

* 눈송이 모양 펀치와 동그란 스티커, 별 스티커, 솜방울
  등을 사용해 장식해요. 눈은 색종이를 오려서 만들어요.

겨울 리스·액자·카드

겨울은 크리스마스와 설날, 밸런타인데이 등 신나는 날들로 가득해요!
리스와 카드를 직접 만들면 기분이 한층 좋아진답니다.

※ 만드는 법에 나온 종이접기와 크기가 다른 작품도 있어요. ( ) 안의 색종이 크기로 만들어 보세요.

겨울 리스·액자·카드

포인세티아 리스

반짝반짝 리스▶p.51, 도토리▶p.76,
포인세티아▶p.91

* 리본과 별 장식, 알파벳 스티커로 꾸며 보세요.

크리스마스트리 카드

카드▶p.49, 크리스마스트리▶p.86

* 눈송이 스티커, 별 스티커로 등으로 꾸며 보세요.

눈사람 카드

카드▶p.49, 눈사람▶p.88

* 눈송이 스티커와 별 스티커, 둥근 모양 펀치를 사용해
  장식해요.

풍선 산타 카드

카드▶p.49, 산타클로스▶p.84, 풍선▶p.53

* 별 모양 펀치와 별 스티커, 동그란 스티커를 사용해
  장식해요.

찹쌀떡 태피스트리

태피스트리▶p.52, 찹쌀떡▶p.92

* 설날 스티커로 꾸며 보세요.

새해맞이 나무 라켓

나무 라켓▶p.94, 토끼(10×10㎝)▶p.41,
고양이▶p.43, 전통 부채▶p.95

* 꽃 스티커와 새해 스티커로 꾸며 보세요.

밸런타인데이 곰 카드

카드▶p.49, 곰▶p.41,
하트(1/2 크기·1/8 크기)▶p.53

* 꽃 모양과 하트 모양 펀치를 사용해 장식해요.

밸런타인데이 고양이 카드

카드▶p.49, 고양이▶p.43, 하트▶p.53

* 꽃 모양과 하트 모양 펀치, 리본 스티커를 사용해 장식해요.

얼굴

※도안에 표시된 길이의 단위는 ㎝입니다.

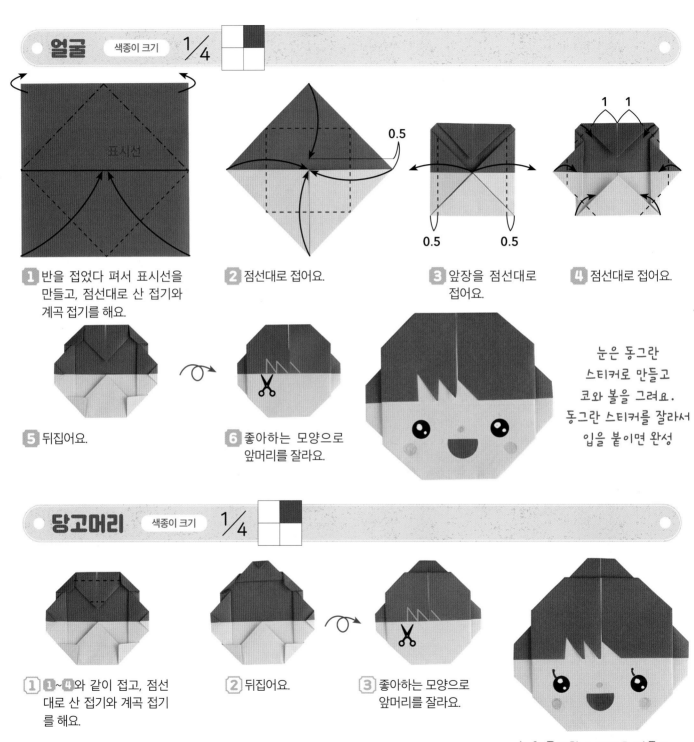

얼굴 색종이 크기 1/4

1 반을 접었다 펴서 표시선을 만들고, 점선대로 산 접기와 계곡 접기를 해요.

2 점선대로 접어요.

3 앞장을 점선대로 접어요.

4 점선대로 접어요.

5 뒤집어요.

6 좋아하는 모양으로 앞머리를 잘라요.

눈은 동그란 스티커로 만들고 코와 볼을 그려요. 동그란 스티커를 잘라서 입을 붙이면 완성

당고머리 색종이 크기 1/4

1 1~4와 같이 접고, 점선 대로 산 접기와 계곡 접기 를 해요.

2 뒤집어요.

3 좋아하는 모양으로 앞머리를 잘라요.

눈은 동그란 스티커로 만들고, 코와 볼을 그려요. 동그란 스티커를 잘라서 입을 붙이면 완성

땋은 머리 색종이 크기 $\frac{1}{16}$

1 점선대로 접어요.
살짝 겹쳐질 거예요

2 점선대로 산 접기와
계곡 접기를 해요.

계곡
산
계곡
산
계곡

3 왼쪽 머리 완성.

4 왼쪽 머리와 대칭이 되게
오른쪽 머리를 접어요.

왼쪽   오른쪽

공통 모티브

완성

5 얼굴에 이어 붙여요.

긴 머리 색종이 크기 $\frac{1}{16}$

표시선

1 반을 접었다 펴서 표시선을
만들고, 가운데에 맞춰 접
어요.

2 반으로 접어요.

3 좋아하는 길이로 잘라요.

×2

4 같은 모양으로 두 개를
만들어요.

5 얼굴에 이어 붙여요.

완성

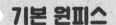

원피스

기본 원피스   색종이 크기   1/4

1 반을 접었다 펴서 표시선을 만들고, 가운데에 맞춰 접어요.

2 점선대로 접어요.

3 가운데에 맞춰 접어요.

4 뒤집어요.

5 점선대로 올려 접고, 안으로 끼워 넣어요.

6 기본 원피스 완성.

긴 원피스   색종이 크기   1/4

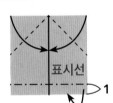

1 반을 접었다 펴서 표시선을 만들고, 점선을 따라 접어요.

2 가운데에 맞춰 접어요.

3 뒤집어요.

4 점선대로 올려 접고, 안으로 끼워 넣어요.

5 긴 원피스 완성.

밑단 없는 긴 원피스

1에서 산 접기 대신 계곡 접기를 하면 밑단 없는 긴 원피스가 돼요.

프릴 달기

주름 잡힌 리본을 붙이면 프릴 치마가 돼요.

남자아이 셔츠

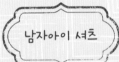

기본 원피스를 뒤집으면 남자아이 셔츠가 돼요. 좋아하는 소매 모양을 달아 보세요.

윗옷+치마

윗옷과 치마를 나눌 때는 2×7.5㎝의 색종이를 이어 붙이고 접어요.

32

반팔 원피스

반팔 소매	색종이 크기	1/16		긴 원피스	색종이 크기	1/4

◆ 반팔 소매

1 반으로 접어요.

2 점선대로 접어요.

3 뒤집어요.

4 반팔 소매 완성.

◆ 긴 원피스

1 긴 원피스(p.32)와 똑같이
접어요.

◆ 조합하기

1 긴 원피스에 반팔 소매를
이어 붙여요.

완성

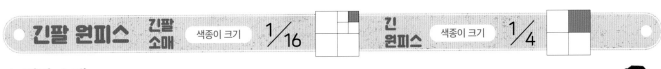

긴팔 원피스

긴팔 소매	색종이 크기	1/16		긴 원피스	색종이 크기	1/4

◆ 긴팔 소매

1 뒤로 접어요.

2 3등분으로 접어요.

3 같은 모양으로
두 개를 만들어요.

◆ 긴 원피스

1 긴 원피스(p.32)와 똑같이
접어요.

◆ 조합하기

1 긴 원피스에 긴팔 소매를
이어 붙여요.

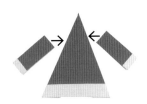

완성

손·발

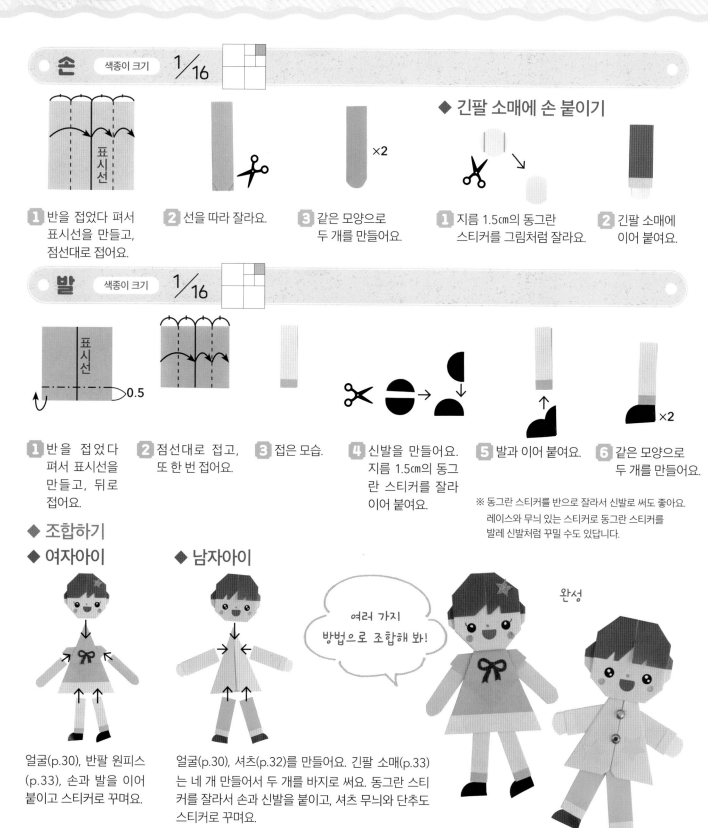

손 색종이 크기 1/16

1 반을 접었다 펴서 표시선을 만들고, 점선대로 접어요.

2 선을 따라 잘라요.

3 같은 모양으로 두 개를 만들어요.

◆ **긴팔 소매에 손 붙이기**

1 지름 1.5㎝의 동그란 스티커를 그림처럼 잘라요.

2 긴팔 소매에 이어 붙여요.

발 색종이 크기 1/16

1 반을 접었다 펴서 표시선을 만들고, 뒤로 접어요.

2 점선대로 접고, 또 한 번 접어요.

3 접은 모습.

4 신발을 만들어요. 지름 1.5㎝의 동그란 스티커를 잘라 이어 붙여요.

5 발과 이어 붙여요.

6 같은 모양으로 두 개를 만들어요.

※ 동그란 스티커를 반으로 잘라서 신발로 써도 좋아요. 레이스와 무늬 있는 스티커로 동그란 스티커를 발레 신발처럼 꾸밀 수도 있답니다.

◆ **조합하기**
◆ **여자아이**

◆ **남자아이**

여러 가지 방법으로 조합해 봐!

완성

얼굴(p.30), 반팔 원피스 (p.33), 손과 발을 이어 붙이고 스티커로 꾸며요.

얼굴(p.30), 셔츠(p.32)를 만들어요. 긴팔 소매(p.33) 는 네 개 만들어서 두 개를 바지로 써요. 동그란 스티커를 잘라서 손과 신발을 붙이고, 셔츠 무늬와 단추도 스티커로 꾸며요.

재킷

색종이 크기 $\frac{1}{2}$

재킷 A　색종이 크기　$\frac{1}{2}$

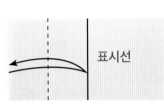

1 반을 접었다 펴서 표시선을 만들고, 점선대로 접었다 펴요.

2 접은 선을 가위로 잘라요.

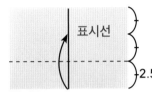

3 반을 접었다 펴서 표시선을 만들고, 점선대로 접어요.

2.5

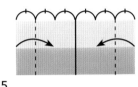

4 점선대로 접어요.

공통 모티브

5 점선대로 접어요.

0.2

6 점선대로 접어요.

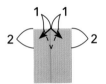

7 점선대로 접어요.

8 뒤로 접어요.

9 재킷 A 완성.

재킷 B　색종이 크기　$\frac{1}{2}$

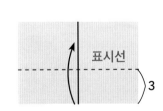

1 재킷 A의 **1**, **2**와 같이 접어요. 가운데에 표시선을 만들고, 아래쪽 3㎝를 접어요.

3

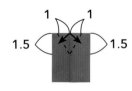

1.5　1.5

2 **4**~**6**과 같이 접고, 위쪽 1㎝ 부분을 비스듬히 접어요.

3 **8**과 같이 접으면 재킷 B 완성.

35

치마·스타킹

치마 | 색종이 크기 | 1/4

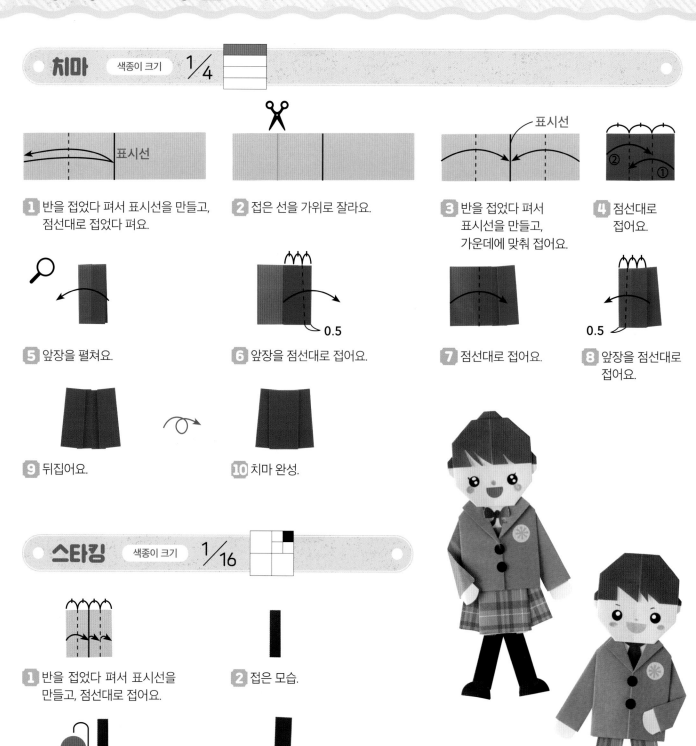

표시선

✂

표시선

② ①

1 반을 접었다 펴서 표시선을 만들고, 점선대로 접었다 펴요.

2 접은 선을 가위로 잘라요.

3 반을 접었다 펴서 표시선을 만들고, 가운데에 맞춰 접어요.

4 점선대로 접어요.

🔍

0.5

0.5

5 앞장을 펼쳐요.

6 앞장을 점선대로 접어요.

7 점선대로 접어요.

8 앞장을 점선대로 접어요.

9 뒤집어요.

10 치마 완성.

스타킹 | 색종이 크기 | 1/16

1 반을 접었다 펴서 표시선을 만들고, 점선대로 접어요.

2 접은 모습.

3 동그란 스티커를 잘라서 신발을 만들고, 스타킹에 붙여요.

4 같은 모양으로 두 개를 만들어요.   ×2

소매·바지·넥타이

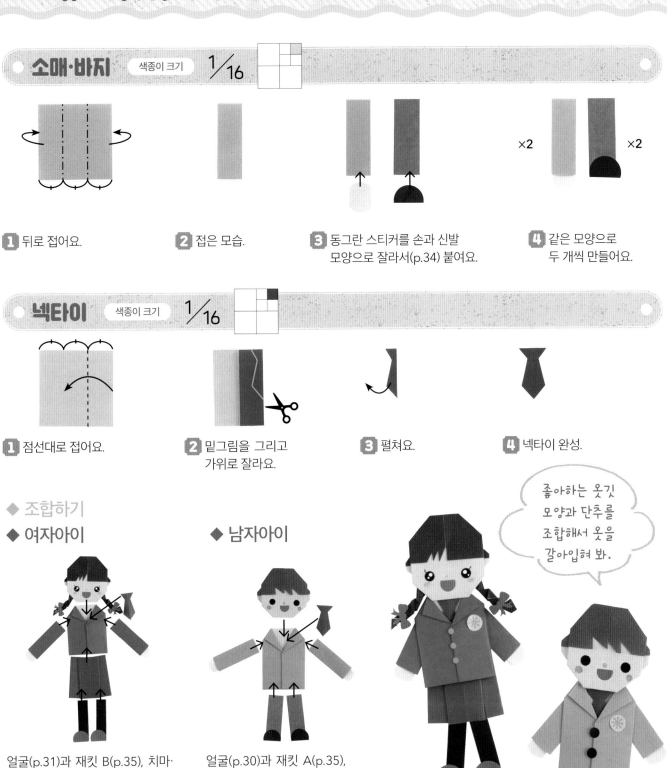

소매·바지 색종이 크기 1/16

1 뒤로 접어요.

2 접은 모습.

3 동그란 스티커를 손과 신발 모양으로 잘라서(p.34) 붙여요.

×2 ×2

4 같은 모양으로 두 개씩 만들어요.

공통 모티브

넥타이 색종이 크기 1/16

1 점선대로 접어요.

2 밑그림을 그리고 가위로 잘라요.

3 펼쳐요.

4 넥타이 완성.

◆ 조합하기
◆ 여자아이

◆ 남자아이

좋아하는 옷깃
모양과 단추를
조합해서 옷을
갈아입혀 봐.

얼굴(p.31)과 재킷 B(p.35), 치마·스타킹(p.36), 소매, 넥타이를 이어 붙여요. 단추는 동그란 스티커를 붙여서 만들어요.

얼굴(p.30)과 재킷 A(p.35), 소매, 바지, 넥타이를 이어 붙여요. 단추는 동그란 스티커를 붙여서 만들어요.

완성

37

털모자·밀짚모자

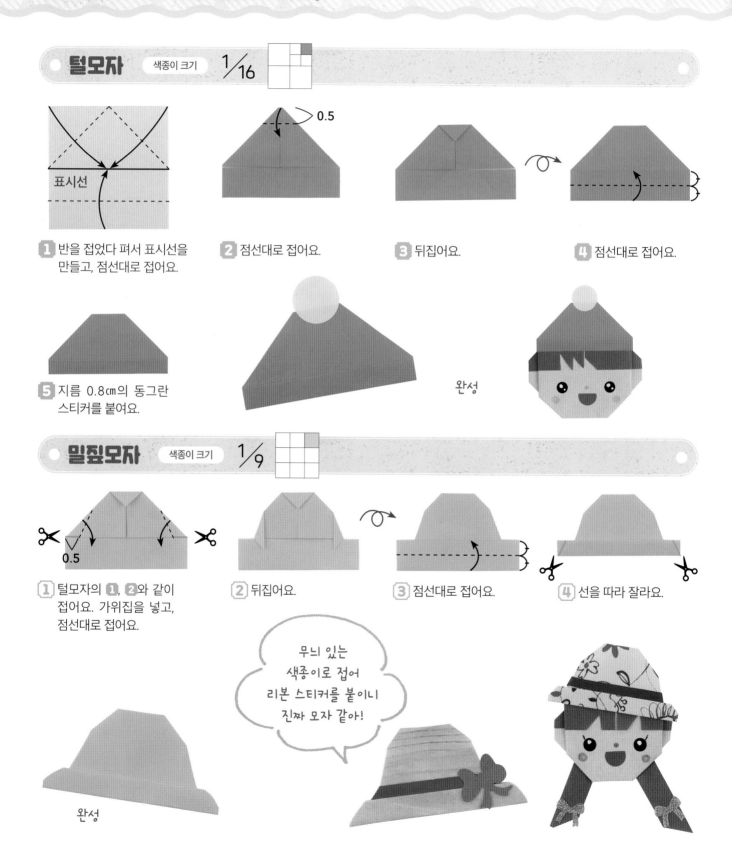

털모자 · 색종이 크기 1/16

표시선

> 0.5

1 반을 접었다 펴서 표시선을 만들고, 점선대로 접어요.

2 점선대로 접어요.

3 뒤집어요.

4 점선대로 접어요.

5 지름 0.8㎝의 동그란 스티커를 붙여요.

완성

밀짚모자 · 색종이 크기 1/9

0.5

1 털모자의 1, 2와 같이 접어요. 가위집을 넣고, 점선대로 접어요.

2 뒤집어요.

3 점선대로 접어요.

4 선을 따라 잘라요.

완성

> 무늬 있는 색종이로 접어 리본 스티커를 붙이니 진짜 모자 같아!

38

베레모·어깨 가방

베레모 　색종이 크기 1/16

1 털모자의 ❶, ❷와 같이 접고, 점선대로 접어요.

2 뒤집어요.

3 점선대로 접어요.

완성

고깔통 모티브

어깨 가방 　색종이 크기 1/16

1 반을 접었다 펴서 표시선을 만들고, 가운데에 맞춰 접어요.

표시선

2 점선대로 접어요.

3 점선대로 접어요.

4 점선대로 접어요.

5 뒤집어요.

6 뒤집은 모습.

7 지름 1.5㎝와 0.5㎝의 동그란 스티커를 붙여요.

1.5
0.5

색깔 고무줄이나 리본 끈을 연결하면 완성

고무줄을 한 번 꼬아 두 줄로 만들면 손가방으로 변신! 색을 바꿔서 고급스럽게 만들 수도 있어.

닭

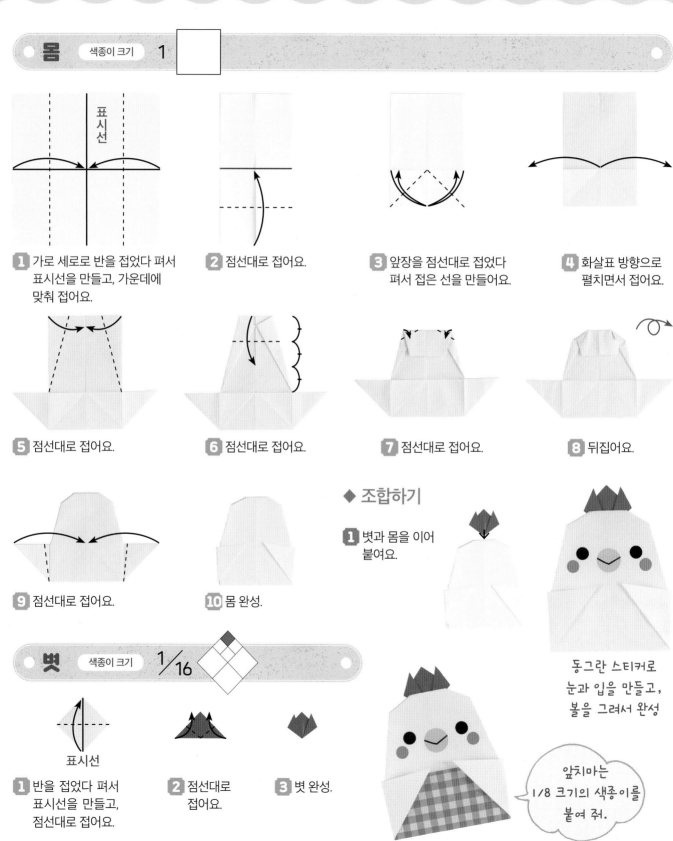

몸 색종이 크기 1

1 가로 세로로 반을 접었다 펴서 표시선을 만들고, 가운데에 맞춰 접어요.

2 점선대로 접어요.

3 앞장을 점선대로 접었다 펴서 접은 선을 만들어요.

4 화살표 방향으로 펼치면서 접어요.

5 점선대로 접어요.

6 점선대로 접어요.

7 점선대로 접어요.

8 뒤집어요.

9 점선대로 접어요.

10 몸 완성.

◆ **조합하기**

1 볏과 몸을 이어 붙여요.

동그란 스티커로 눈과 입을 만들고, 볼을 그려서 완성

볏 색종이 크기 1/16

1 반을 접었다 펴서 표시선을 만들고, 점선대로 접어요.

2 점선대로 접어요.

3 볏 완성.

앞치마는 1/8 크기의 색종이를 붙여 줘.

40

토끼·곰

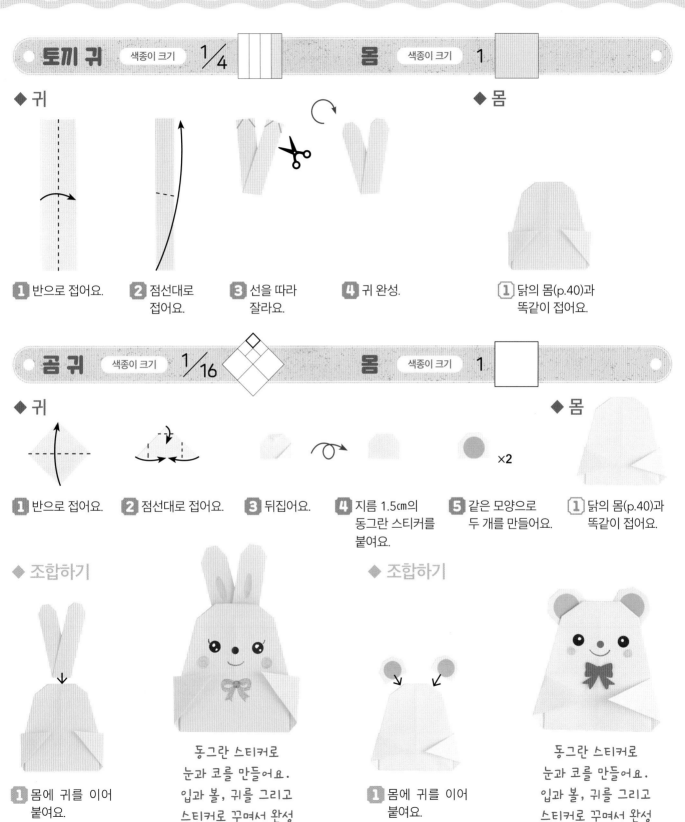

토끼 귀	색종이 크기	1/4	몸	색종이 크기	1

◆ 귀

1 반으로 접어요.　　2 점선대로 접어요.　　3 선을 따라 잘라요.　　4 귀 완성.

◆ 몸

1 닭의 몸(p.40)과 똑같이 접어요.

곰 귀	색종이 크기	1/16	몸	색종이 크기	1

◆ 귀

1 반으로 접어요.　　2 점선대로 접어요.　　3 뒤집어요.　　4 지름 1.5cm의 동그란 스티커를 붙여요.　　5 같은 모양으로 두 개를 만들어요.　　×2

◆ 몸

1 닭의 몸(p.40)과 똑같이 접어요.

◆ 조합하기

1 몸에 귀를 이어 붙여요.

동그란 스티커로 눈과 코를 만들어요. 입과 볼, 귀를 그리고 스티커로 꾸며서 완성

◆ 조합하기

1 몸에 귀를 이어 붙여요.

동그란 스티커로 눈과 코를 만들어요. 입과 볼, 귀를 그리고 스티커로 꾸며서 완성

41

병아리·달걀

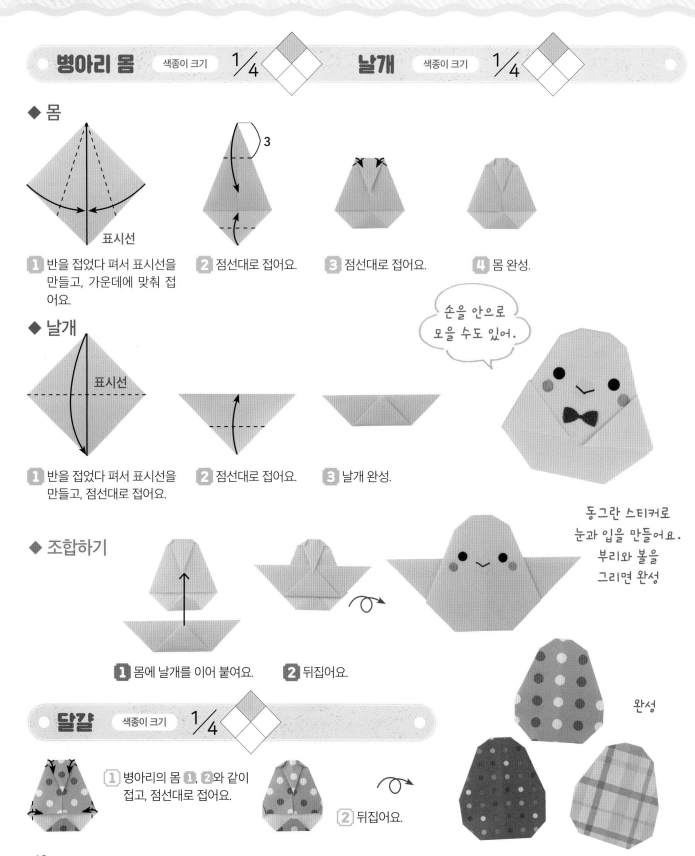

병아리 몸 색종이 크기 1/4 □   **날개** 색종이 크기 1/4 □

◆ 몸

표시선

1 반을 접었다 펴서 표시선을 만들고, 가운데에 맞춰 접어요.

3

2 점선대로 접어요.

3 점선대로 접어요.

4 몸 완성.

◆ 날개

표시선

1 반을 접었다 펴서 표시선을 만들고, 점선대로 접어요.

2 점선대로 접어요.

3 날개 완성.

손을 안으로 모을 수도 있어.

◆ 조합하기

1 몸에 날개를 이어 붙여요.

2 뒤집어요.

동그란 스티커로 눈과 입을 만들어요. 부리와 볼을 그리면 완성

달걀 색종이 크기 1/4 □

1 병아리의 몸 1 , 2 와 같이 접고, 점선대로 접어요.

2 뒤집어요.

완성

고양이

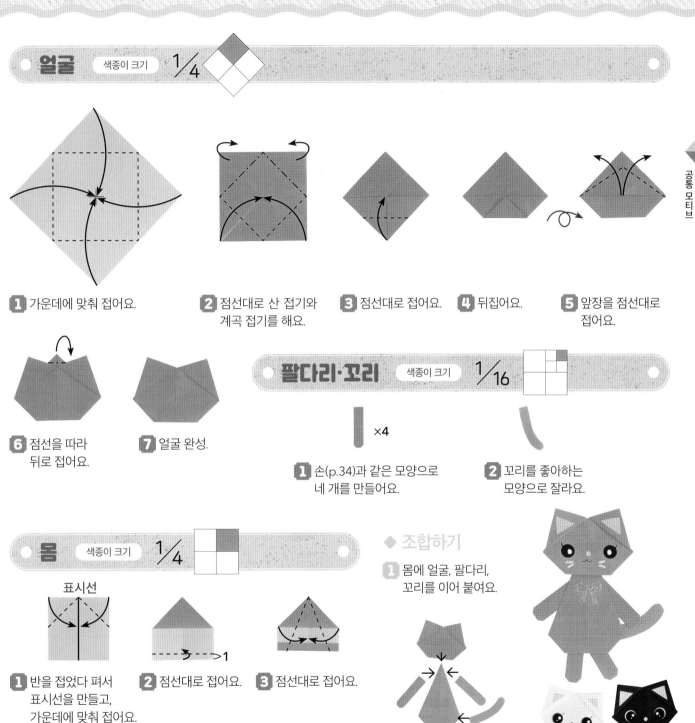

공통 모티브

얼굴 색종이 크기 1/4

1 가운데에 맞춰 접어요.

2 점선대로 산 접기와 계곡 접기를 해요.

3 점선대로 접어요.

4 뒤집어요.

5 앞장을 점선대로 접어요.

6 점선을 따라 뒤로 접어요.

7 얼굴 완성.

팔다리·꼬리 색종이 크기 1/16

×4

1 손(p.34)과 같은 모양으로 네 개를 만들어요.

2 꼬리를 좋아하는 모양으로 잘라요.

몸 색종이 크기 1/4

표시선

1 반을 접었다 펴서 표시선을 만들고, 가운데에 맞춰 접어요.

2 점선대로 접어요.

3 점선대로 접어요.

4 점선대로 접어요.

5 뒤집어요.

6 몸 완성.

◆ **조합하기**

1 몸에 얼굴, 팔다리, 꼬리를 이어 붙여요.

동그란 스티커로 눈과 코, 귀를 만들어요. 입과 수염을 그려서 완성

라쿤

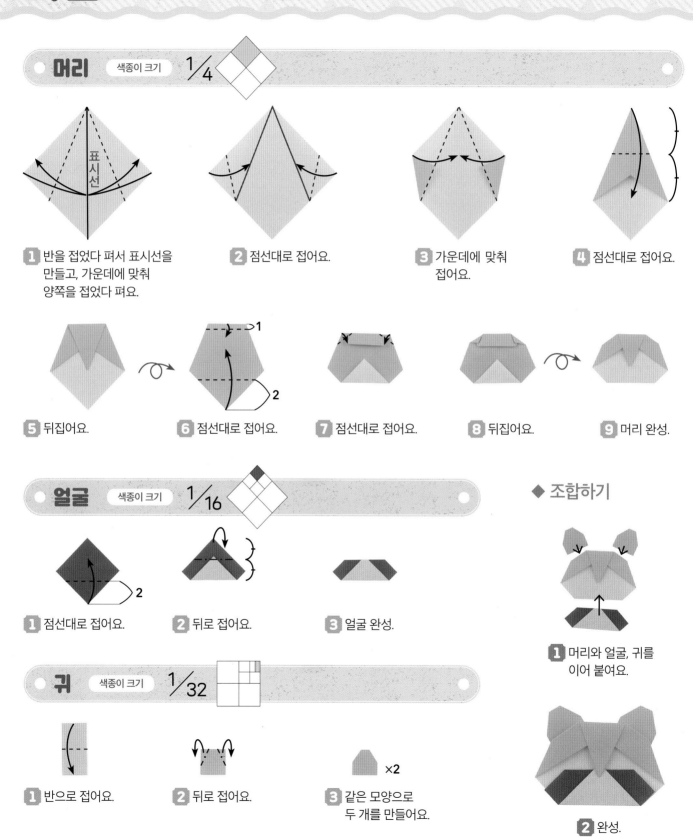

머리 색종이 크기 1/4

1 반을 접었다 펴서 표시선을 만들고, 가운데에 맞춰 양쪽을 접었다 펴요.

2 점선대로 접어요.

3 가운데에 맞춰 접어요.

4 점선대로 접어요.

5 뒤집어요.

6 점선대로 접어요.

7 점선대로 접어요.

8 뒤집어요.

9 머리 완성.

얼굴 색종이 크기 1/16

1 점선대로 접어요.

2 뒤로 접어요.

3 얼굴 완성.

귀 색종이 크기 1/32

1 반으로 접어요.

2 뒤로 접어요.

3 같은 모양으로 두 개를 만들어요. ×2

◆ 조합하기

1 머리와 얼굴, 귀를 이어 붙여요.

2 완성.

44

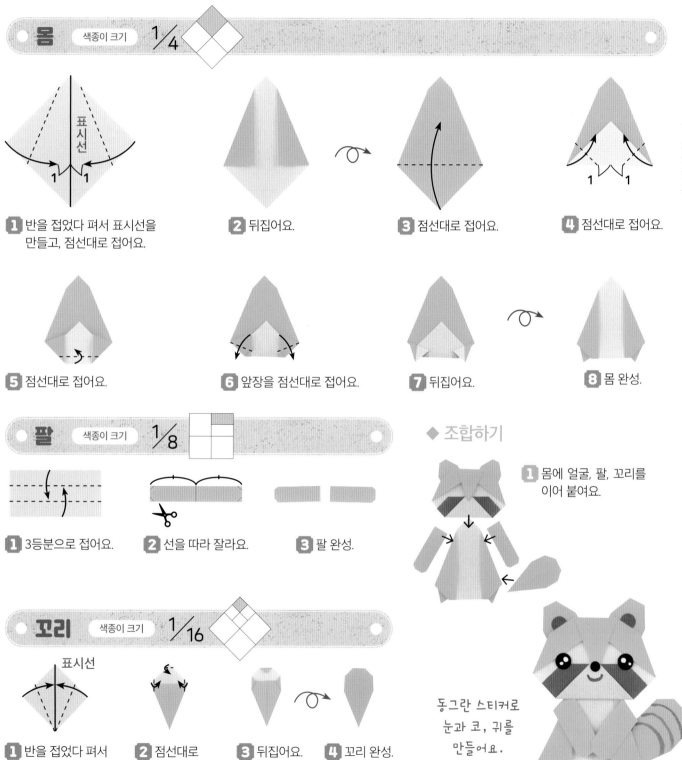

몸 색종이 크기 1/4

1 반을 접었다 펴서 표시선을 만들고, 점선대로 접어요.

표시선

2 뒤집어요.

3 점선대로 접어요.

4 점선대로 접어요.

공통 모티브

5 점선대로 접어요.

6 앞장을 점선대로 접어요.

7 뒤집어요.

8 몸 완성.

팔 색종이 크기 1/8

1 3등분으로 접어요.

2 선을 따라 잘라요.

3 팔 완성.

◆ 조합하기

1 몸에 얼굴, 팔, 꼬리를 이어 붙여요.

꼬리 색종이 크기 1/16

표시선

1 반을 접었다 펴서 표시선을 만들고, 가운데에 맞춰 접어요.

2 점선대로 접어요.

3 뒤집어요.

4 꼬리 완성.

동그란 스티커로
눈과 코, 귀를
만들어요.
입을 그려서 완성

45

다람쥐

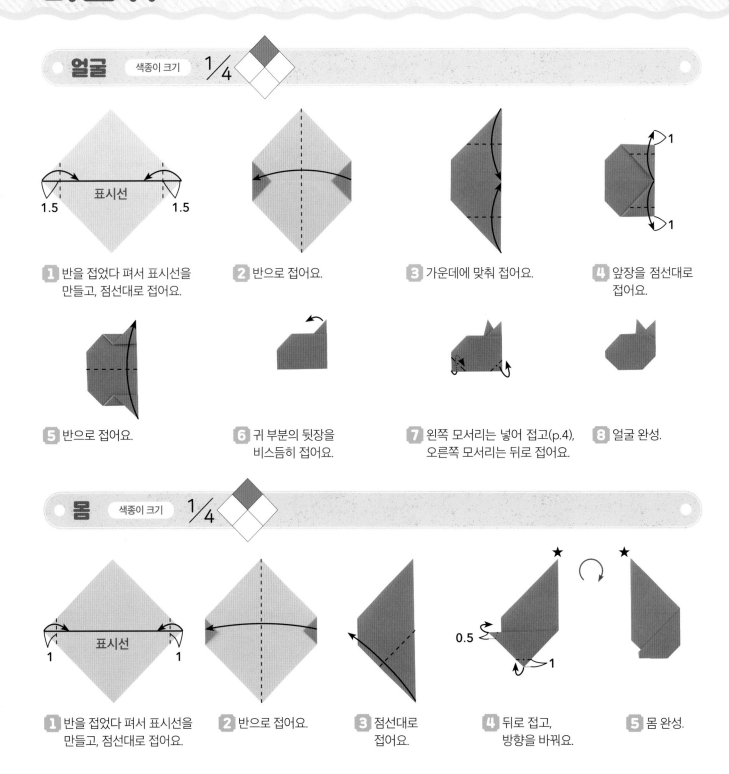

얼굴 색종이 크기 $\frac{1}{4}$

1 반을 접었다 펴서 표시선을 만들고, 점선대로 접어요.

2 반으로 접어요.

3 가운데에 맞춰 접어요.

4 앞장을 점선대로 접어요.

5 반으로 접어요.

6 귀 부분의 뒷장을 비스듬히 접어요.

7 왼쪽 모서리는 넣어 접고(p.4), 오른쪽 모서리는 뒤로 접어요.

8 얼굴 완성.

몸 색종이 크기 $\frac{1}{4}$

1 반을 접었다 펴서 표시선을 만들고, 점선대로 접어요.

2 반으로 접어요.

3 점선대로 접어요.

4 뒤로 접고, 방향을 바꿔요.

5 몸 완성.

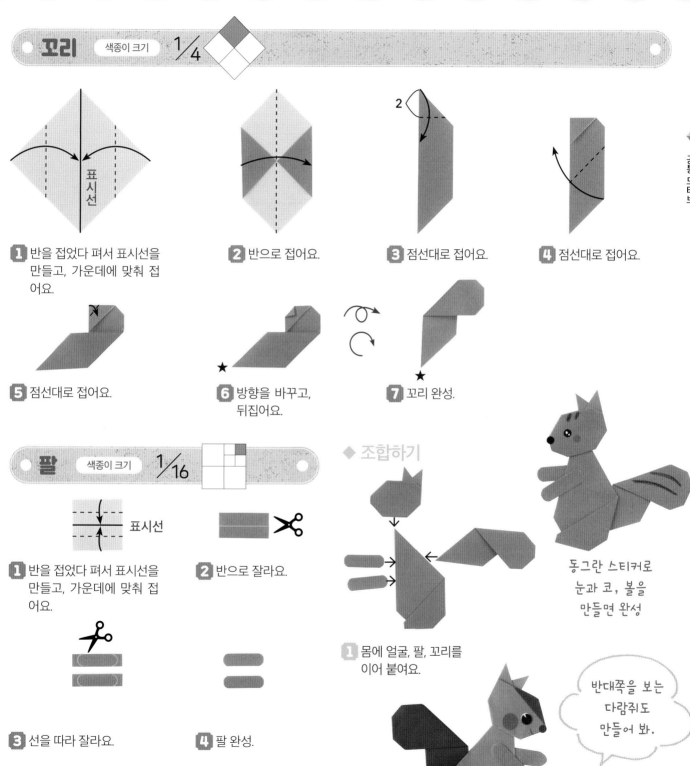

꼬리 색종이 크기 1/4

1 반을 접었다 펴서 표시선을 만들고, 가운데에 맞춰 접어요.

표시선

2 반으로 접어요.

3 점선대로 접어요.

4 점선대로 접어요.

공통 모티브

5 점선대로 접어요.

6 방향을 바꾸고, 뒤집어요.

7 꼬리 완성.

팔 색종이 크기 1/16

표시선

1 반을 접었다 펴서 표시선을 만들고, 가운데에 맞춰 접어요.

2 반으로 잘라요.

3 선을 따라 잘라요.

4 팔 완성.

◆ 조합하기

1 몸에 얼굴, 팔, 꼬리를 이어 붙여요.

동그란 스티커로 눈과 코, 볼을 만들면 완성

반대쪽을 보는 다람쥐도 만들어 봐.

47

큰 액자

테두리 A　색종이 크기　1

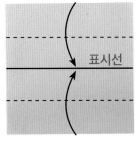

표시선

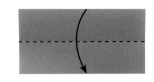

×2

1 반을 접었다 펴서 표시선을 만들고, 가운데에 맞춰 접어요.

2 반으로 접어요.

3 같은 모양으로 두 개를 만들어요.

<꾸미기 예시>
다람쥐와 포도 액자(p.25)

테두리 B　색종이 크기　1/2

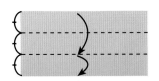

1 3등분으로 접어요

×2

2 같은 모양으로 두 개를 만들어요.

◆ 조합하기

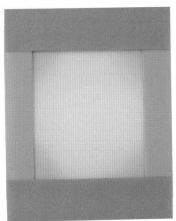

완성

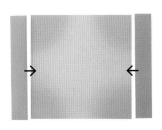

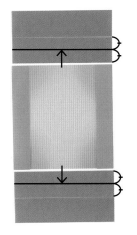

1 기본 크기 색종이의 오른쪽과 왼쪽에 테두리 B를 끼워요.

2 테두리 A를 펼쳐요. 그림처럼 선 위에 색종이를 올려놓고, 풀로 붙여요.

무늬 있는 색종이로도 테두리를 만들 수 있어!

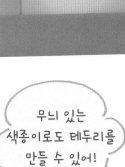

48

창틀 액자·카드

창문살 색종이 크기 1/8

1 3등분으로 접어요.

2 같은 모양으로 두 개를 만들어요.

<꾸미기 예시>
비 오는 날 액자(p.22)

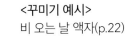

◆ 조합하기

1 큰 액자(p.48)의 테두리 A 두 개와 테두리 B 두 개를 이어 붙여요.

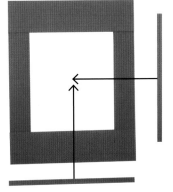

2 창문 살을 붙여요.

3 기본 크기 색종이를 그 위에 붙여요.

4 뒤집어요.

완성

카드

도화지를 알맞은 크기로 잘라서 사용해요.

<꾸미기 예시>
흰 곰과 아이스크림 카드   호박 유령 카드

49

귀여운 액자

액자 조각 색종이 크기 **1**

1 반으로 접어요.

2 가운데에 맞춰 접었다 펴요.

3 점선대로 접어요.

4 점선대로 접어요.

◆ 조합하기

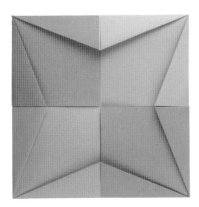

5 같은 모양으로 네 개를 만들어요. ×4

1 조각 A의 세모 주머니에 B를 끼워요.

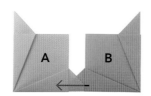

2 B의 세모 주머니에 C를 끼워요.

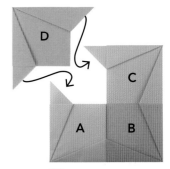

3 A와 C 사이에 D를 끼워요.

뒤쪽에 테이프를 붙여서 완성

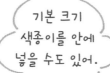
기본 크기 색종이를 안에 넣을 수도 있어.

<꾸미기 예시> 장미 액자

반짝반짝 리스

리스 조각 색종이 크기 **1**

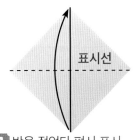

1 반을 접었다 펴서 표시선을 만들고, 점선대로 접어요.

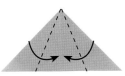

2 가운데에 맞춰 접어요.

3 뒤집어요.

4 같은 모양으로 여섯 개를 만들어요.

◆ 조합하기

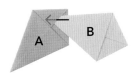

1 조각 A의 안쪽에 B를 끼워요.

2 끼운 모습. 뒤집어요.

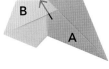

3 그림처럼 A의 한쪽 모서리를 B에 끼워요.

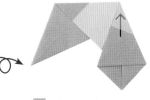

4 남은 조각들도 **1**~**3**과 같이 끼워 넣어요.

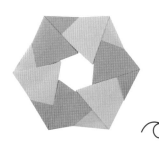

5 모두 끼운 뒤 뒤집어요.

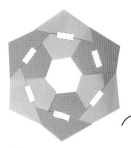

6 테이프를 붙이고 뒤집어요.

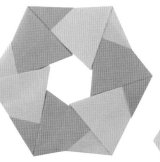

완성

<꾸미기 예시>
핼러윈 고양이 리스

51

태피스트리

테두리 A 색종이 크기 1

1 반으로 접어요.

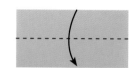

2 반으로 접어요.

3 점선대로 접어요.

4 테두리 A 완성.

테두리 B 색종이 크기 1/2

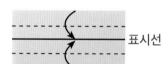

표시선

1 반을 접었다 펴서 표시선을 만들고, 가운데에 맞춰 접어요.

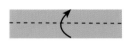

2 반으로 접어요.

3 테두리 B 완성.

◆ 조합하기

완성

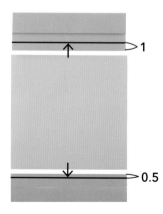

1

0.5

1 테두리 A와 B를 펼쳐요. 그림처럼 선 위에 기본 크기 색종이를 올려놓고, 풀로 붙여요.

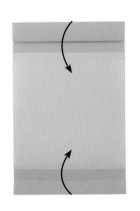

2 테두리를 덮고 붙여요.

<꾸미기 예시>
핼러윈 유령 태피스트리

기본 크기 색종이에 1/2 크기 색종이를 연결해 봐. 그런 다음 테두리를 붙이면 긴 태피스트리가 돼.

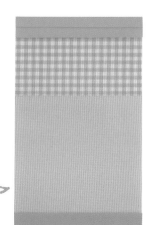

풍선·하트

풍선　색종이 크기 1/4

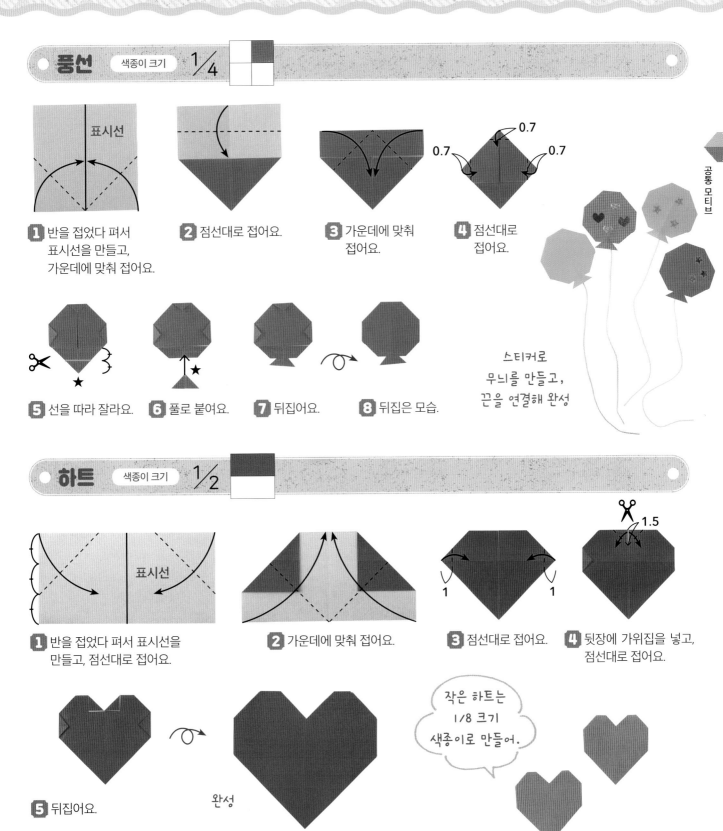

1 반을 접었다 펴서 표시선을 만들고, 가운데에 맞춰 접어요.

2 점선대로 접어요.

3 가운데에 맞춰 접어요.

4 점선대로 접어요.

0.7　0.7　0.7

공통 모티브

5 선을 따라 잘라요.

6 풀로 붙여요.

7 뒤집어요.

8 뒤집은 모습.

스티커로 무늬를 만들고, 끈을 연결해 완성

하트　색종이 크기 1/2

1 반을 접었다 펴서 표시선을 만들고, 점선대로 접어요.

2 가운데에 맞춰 접어요.

3 점선대로 접어요.

4 뒷장에 가위집을 넣고, 점선대로 접어요.

1　1　1.5

5 뒤집어요.

완성

작은 하트는 1/8 크기 색종이로 만들어.

표시선

53

무당벌레

몸 색종이 크기 $\frac{1}{2}$

1 반을 접었다 펴서 표시선을
만들고, 가운데에 맞춰 접어요.

2 뒤집어요.

3 가운데에 맞춰 접어요.

4 점선대로 접어요.

5 뒤집어요.

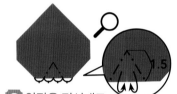

6 앞장을 점선대로
뒤로 접어요.

7 몸 완성.

머리 색종이 크기 $\frac{1}{16}$

1 반으로 접어요.

2 머리 완성

꼬마 무당벌레는
1/8 크기 색종이로
몸을 만들고, 1/64 크기
색종이로 머리를
만들면 돼.

◆ **조합하기**

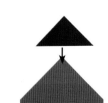

1 몸에 머리를 붙여요.

2 뒤로 접어요.

3 접은 모습.

크기가 다른 동그란 스티커로
무늬를 만들어요.
까만 스티커와 하얀 스티커로
눈을 붙이면 완성

클로버·꽃

클로버	색종이 크기	1/4			줄기	색종이 크기	1/16	

◆ 클로버

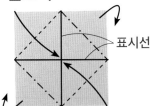

표시선

1 가로 세로로 반을 접었다 펴서 표시선을 만들어요. 점선대로 산 접기, 계곡 접기를 하고 풀로 붙여요.

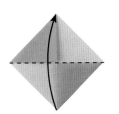

2 반으로 접어요.

3 반으로 접어요.

4 반으로 접어요.

5 밑그림을 그리고 가위로 잘라요.

6 펼쳐요.

7 클로버 완성.

완성

◆ 줄기

1 밑그림을 그리고 가위로 잘라요.

2 줄기 완성.

◆ 조합하기

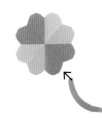

1 클로버에 줄기를 이어 붙여요.

봄 모티브

꽃	색종이 크기	1/4	

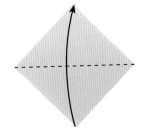

1 점선대로 접은 뒤, 클로버의 **3**, **4**와 같이 접어요.

2 밑그림을 그리고, 가위로 자른 뒤 펼쳐요. 동그란 스티커나 꽃 모양 펀치를 사용해 가운데를 장식해요.

완성

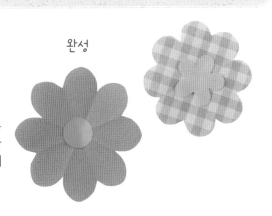

들꽃

| 들꽃 | 색종이 크기 | $\frac{1}{4}$ |

표시선

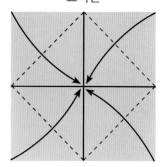

1 가로 세로로 반을 접었다 펴서 표시선을 만들어요. 점선대로 접고, 풀로 붙여요.

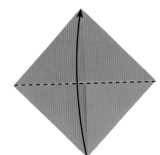

2 반으로 접어요.

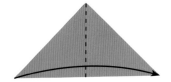

3 반으로 접어요.

4 반으로 접어요.

5 펼쳐요.

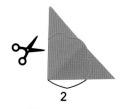

2

6 밑그림을 그리고 가위로 잘라요.

7 펼쳐요.

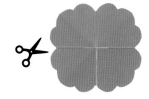

8 가운데에 지름 1.5㎝와 0.8㎝의 동그란 스티커를 붙이고, 선을 따라 잘라요.

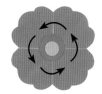

9 꽃잎을 조금씩 겹쳐 붙여요.

10 들꽃 완성.

잎 색종이 크기 1/16

표시선

1 반을 접었다 펴서
표시선을 만들고,
가운데에 맞춰 접어요.

2 가운데에 맞춰 접어요.

3 반을 뒤로 접어요.

4 밑그림을 그리고
가위로 잘라요.

봄 모티브

줄기 색종이 크기 1/16

5 펼쳐요.

6 잎 완성.

1 3등분으로 접어요.

2 줄기 완성.

◆ 조합하기

완성

꽃잎을 조금씩 겹쳐 붙이면
입체적으로 보여요.

1 줄기에 꽃과 잎을
이어 붙여요.

장미

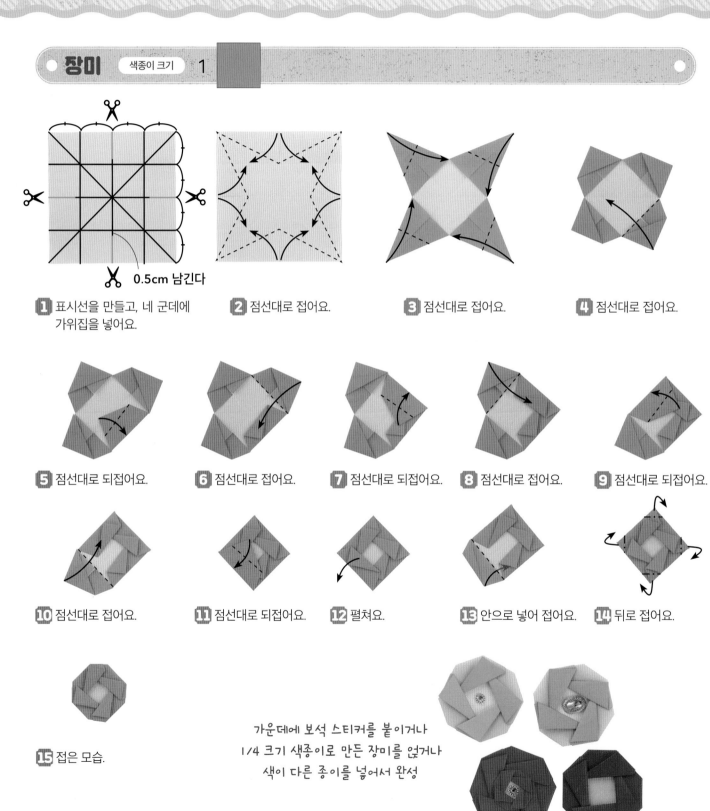

| 장미 | 색종이 크기 | 1 |

1 표시선을 만들고, 네 군데에 가위집을 넣어요.

0.5cm 남긴다

2 점선대로 접어요.

3 점선대로 접어요.

4 점선대로 접어요.

5 점선대로 되접어요.

6 점선대로 접어요.

7 점선대로 되접어요.

8 점선대로 접어요.

9 점선대로 되접어요.

10 점선대로 접어요.

11 점선대로 되접어요.

12 펼쳐요.

13 안으로 넣어 접어요.

14 뒤로 접어요.

15 접은 모습.

가운데에 보석 스티커를 붙이거나
1/4 크기 색종이로 만든 장미를 얹거나
색이 다른 종이를 넣어서 완성

잎 색종이 크기 1/16

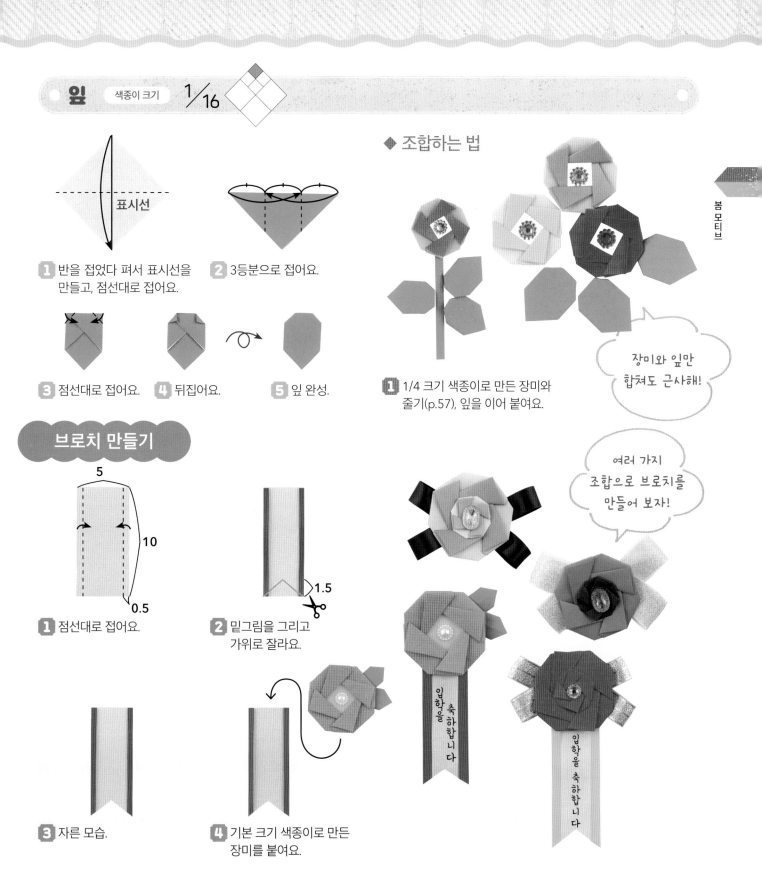

1 반을 접었다 펴서 표시선을 만들고, 점선대로 접어요.

표시선

2 3등분으로 접어요.

3 점선대로 접어요.

4 뒤집어요.

5 잎 완성.

◆ 조합하는 법

1 1/4 크기 색종이로 만든 장미와 줄기(p.57), 잎을 이어 붙여요.

봄 모티브

장미와 잎만 합쳐도 근사해!

여러 가지 조합으로 브로치를 만들어 보자!

브로치 만들기

1 점선대로 접어요.

5
10
0.5

2 밑그림을 그리고 가위로 잘라요.

1.5

3 자른 모습.

4 기본 크기 색종이로 만든 장미를 붙여요.

입학을 축하합니다

입학을 축하합니다

59

데이지

데이지 　색종이 크기　 1/9

1 반으로 접어요.

2 점선대로 접어요.

3 점선대로 접어요.

4 뒤집어요.

5 점선대로 접어요.

6 밑그림을 그리고 가위로 잘라요.

7 펼쳐요.

8 같은 모양으로 두 개를 만들어요. ×2

9 꽃잎을 서로 엇갈리게 겹쳐 붙여요.

10 가운데에 지름 1.5㎝의 동그란 스티커를 붙여요.

11 데이지 완성.

◆ 조합하기

1 데이지 꽃에 줄기(p.57), 잎(p.59)을 이어 붙여요.

완성

딸기

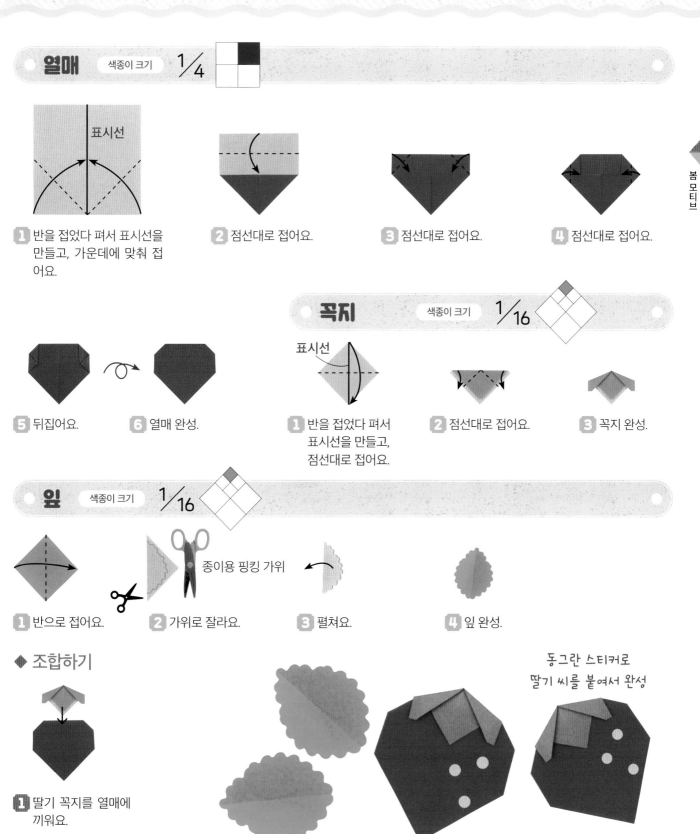

열매 · 색종이 크기 1/4

1 반을 접었다 펴서 표시선을 만들고, 가운데에 맞춰 접어요.

표시선

2 점선대로 접어요.

3 점선대로 접어요.

4 점선대로 접어요.

봄 모 티 브

꼭지 · 색종이 크기 1/16

5 뒤집어요.

6 열매 완성.

표시선

1 반을 접었다 펴서 표시선을 만들고, 점선대로 접어요.

2 점선대로 접어요.

3 꼭지 완성.

잎 · 색종이 크기 1/16

1 반으로 접어요.

2 가위로 잘라요.

종이용 핑킹 가위

3 펼쳐요.

4 잎 완성.

◆ 조합하기

1 딸기 꼭지를 열매에 끼워요.

동그란 스티커로
딸기 씨를 붙여서 완성

61

반반 아이스바

아이스바 색종이 크기 1 [] +1/2 []

1. 반을 접었다 펴서 표시선을 만들고, 계곡 접기와 산 접기를 해요.
   표시선

2. 접은 모습.

3. 파란 색종이를 끼워 넣어요.

4. 뒤집어요.

5. 점선대로 접어요.

6. 점선대로 접고, 안으로 끼워 넣어요.

7. 점선대로 접어요.
   1.5 1.5

8. 뒤집어요.

9. 아이스바 완성.

막대 색종이 크기 1/2 []

◆ 조합하는 법

1. 반을 접었다 펴서 표시선을 만들고, 가운데에 맞춰 접어요.
   표시선

2. 3등분으로 접어요.

3. 반으로 접어요.

4. 막대 완성.

1. 아이스바에 막대를 끼워요.

딸기나 레몬 맛도 맛있겠는걸!

완성

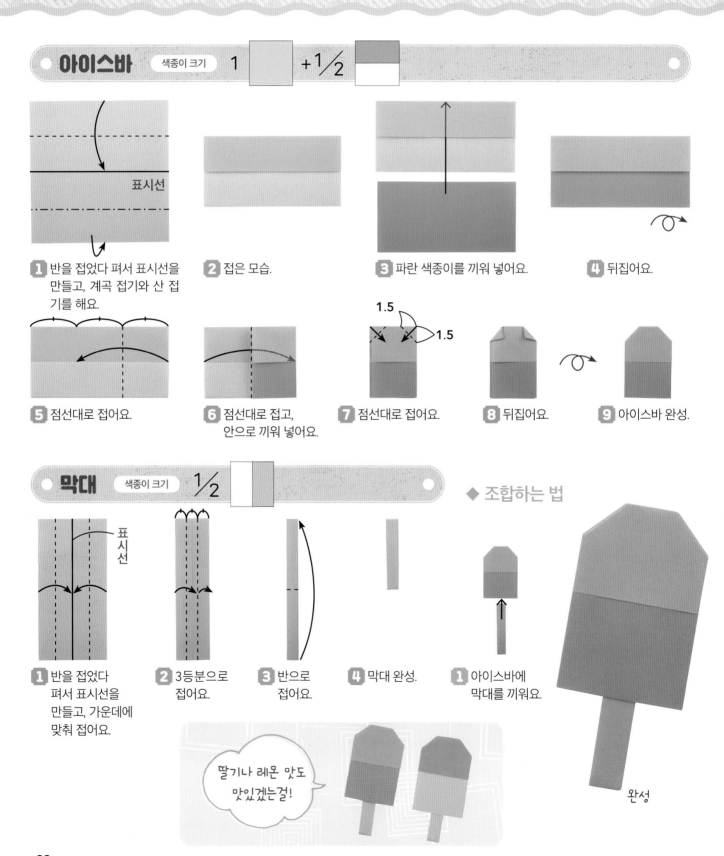

수박 아이스바

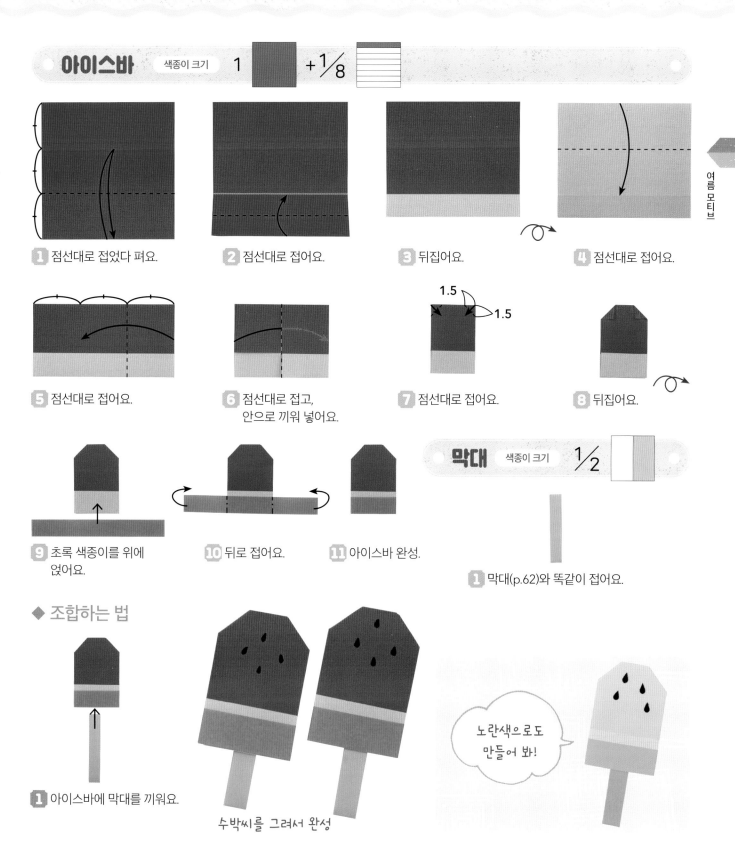

아이스바   색종이 크기   1   + 1/8

1 점선대로 접었다 펴요.

2 점선대로 접어요.

3 뒤집어요.

4 점선대로 접어요.

여름 모티브

5 점선대로 접어요.

6 점선대로 접고, 안으로 끼워 넣어요.

7 점선대로 접어요.   1.5   1.5

8 뒤집어요.

9 초록 색종이를 위에 얹어요.

10 뒤로 접어요.

11 아이스바 완성.

막대   색종이 크기   1/2

1 막대(p.62)와 똑같이 접어요.

◆ 조합하는 법

1 아이스바에 막대를 끼워요.

수박씨를 그려서 완성

노란색으로도 만들어 봐!

63

아이스크림

아이스크림 색종이 크기 1

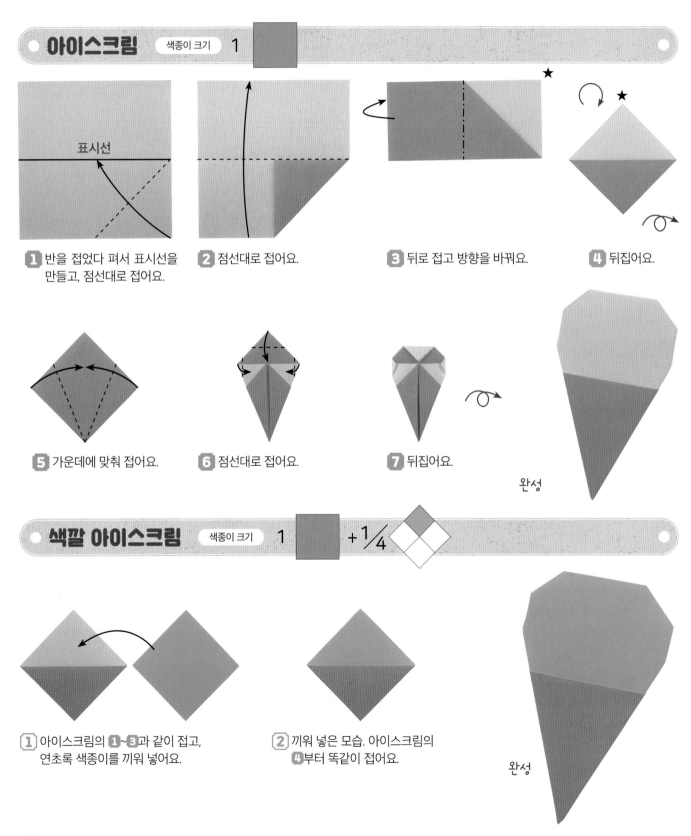

1 반을 접었다 펴서 표시선을 만들고, 점선대로 접어요.

표시선

2 점선대로 접어요.

3 뒤로 접고 방향을 바꿔요.

4 뒤집어요.

5 가운데에 맞춰 접어요.

6 점선대로 접어요.

7 뒤집어요.

완성

색깔 아이스크림 색종이 크기 1 +1/4

1 아이스크림의 1~3과 같이 접고, 연초록 색종이를 끼워 넣어요.

2 끼워 넣은 모습. 아이스크림의 4부터 똑같이 접어요.

완성

2단 아이스크림·해님

2단 아이스크림 색종이 크기 1

1 아이스크림(p.64)의 ①~❸과 같이 접고, 방향을 바꿔요.

2 가운데에 맞춰 접어요.

3 점선대로 접어요.

4 뒤집어요.

여름 모티브

5 2단 아이스크림 완성.

◆ 조합하는 법

1 색깔 아이스크림(p.64)에 2단 아이스크림을 끼워요.

완성

다른 맛으로 바꾸거나 초콜릿 토핑을 올려 봐!

해님 색종이 크기 1/4 + 1/4

1 데이지(p.60)의 ①~❺와 같이 접고, 선을 가위로 잘라요.

2 펼쳐요.

3 같은 모양으로 두 개를 만들어요. ×2

4 모서리가 서로 엇갈리게 겹쳐 붙여요.

5 둥글게 자른 종이를 가운데 붙여요.

완성

방긋방긋 웃는 얼굴을 그려줘.

65

부채·날씨 맑음 인형

| 부채 | 색종이 크기 | $\frac{1}{2}$ | | 손잡이 | 색종이 크기 | $\frac{1}{8}$ | |

◆ 부채

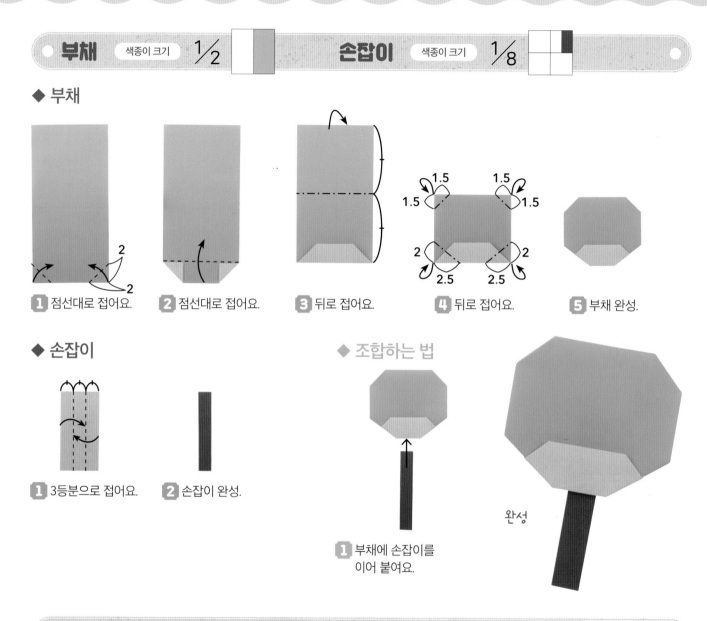

1 점선대로 접어요.　　**2** 점선대로 접어요.　　**3** 뒤로 접어요.　　**4** 뒤로 접어요.　　**5** 부채 완성.

◆ 손잡이

1 3등분으로 접어요.　　**2** 손잡이 완성.

◆ 조합하는 법

1 부채에 손잡이를 이어 붙여요.

완성

날씨 맑음 인형

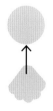

얼굴을 그려서 완성

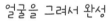

1 지름 2㎝의 동그란 스티커를 두 개 준비하고, 하나를 가로로 잘라요.　　**2** 이어 붙여요.

초콜릿 바나나

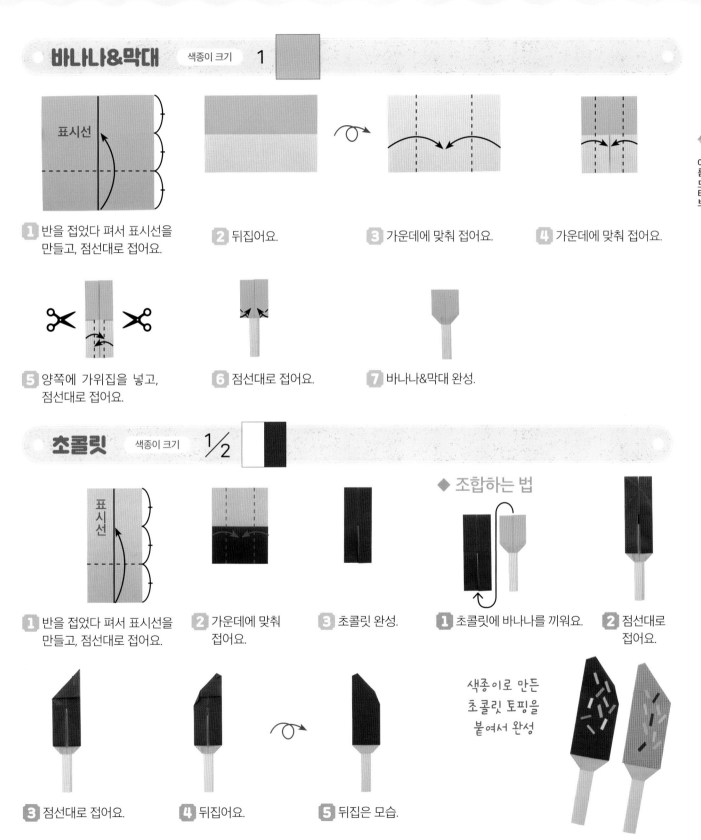

바나나&막대   색종이 크기 1

1 반을 접었다 펴서 표시선을 만들고, 점선대로 접어요.

2 뒤집어요.

3 가운데에 맞춰 접어요.

4 가운데에 맞춰 접어요.

5 양쪽에 가위집을 넣고, 점선대로 접어요.

6 점선대로 접어요.

7 바나나&막대 완성.

초콜릿   색종이 크기 1/2

1 반을 접었다 펴서 표시선을 만들고, 점선대로 접어요.

2 가운데에 맞춰 접어요.

3 초콜릿 완성.

◆ 조합하는 법

1 초콜릿에 바나나를 끼워요.

2 점선대로 접어요.

3 점선대로 접어요.

4 뒤집어요.

5 뒤집은 모습.

색종이로 만든 초콜릿 토핑을 붙여서 완성

67

축제 의상

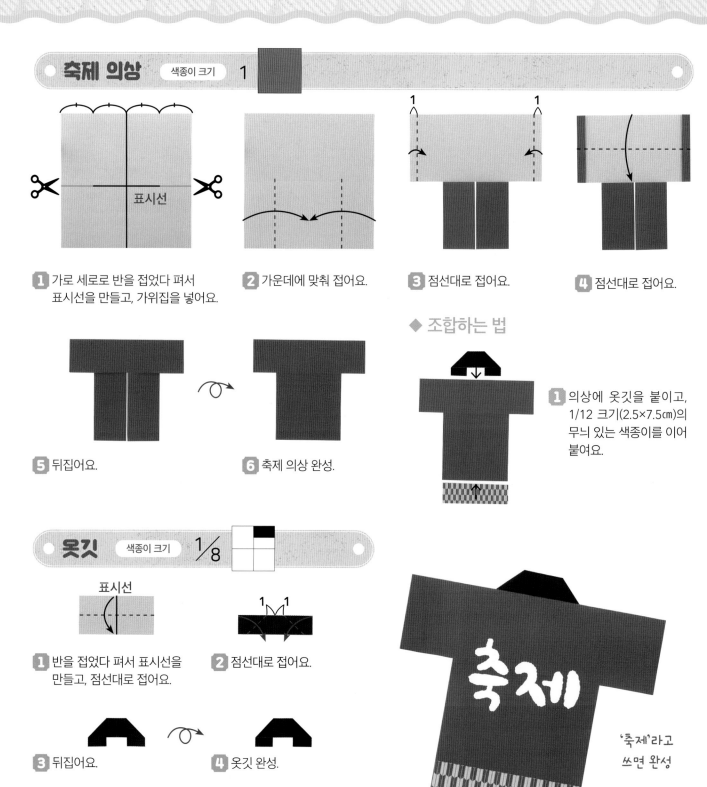

축제 의상 색종이 크기 1

1 가로 세로로 반을 접었다 펴서 표시선을 만들고, 가위집을 넣어요.

2 가운데에 맞춰 접어요.

3 점선대로 접어요.

4 점선대로 접어요.

5 뒤집어요.

6 축제 의상 완성.

◆ 조합하는 법

1 의상에 옷깃을 붙이고, 1/12 크기(2.5×7.5㎝)의 무늬 있는 색종이를 이어 붙여요.

옷깃 색종이 크기 1/8

1 반을 접었다 펴서 표시선을 만들고, 점선대로 접어요.

2 점선대로 접어요.

3 뒤집어요.

4 옷깃 완성.

'축제'라고 쓰면 완성

초롱불

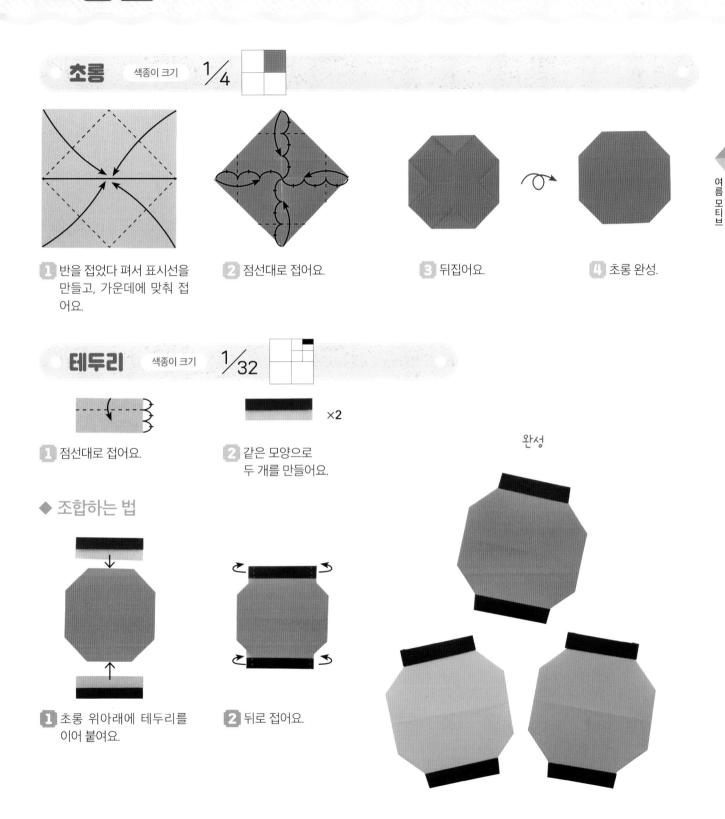

초롱 색종이 크기 1/4

1. 반을 접었다 펴서 표시선을 만들고, 가운데에 맞춰 접어요.

2. 점선대로 접어요.

3. 뒤집어요.

4. 초롱 완성.

여름 모티브

테두리 색종이 크기 1/32

1. 점선대로 접어요.

2. 같은 모양으로 두 개를 만들어요. ×2

◆ 조합하는 법

1. 초롱 위아래에 테두리를 이어 붙여요.

2. 뒤로 접어요.

완성

멜론

멜론 색종이 크기 $\frac{1}{2}$

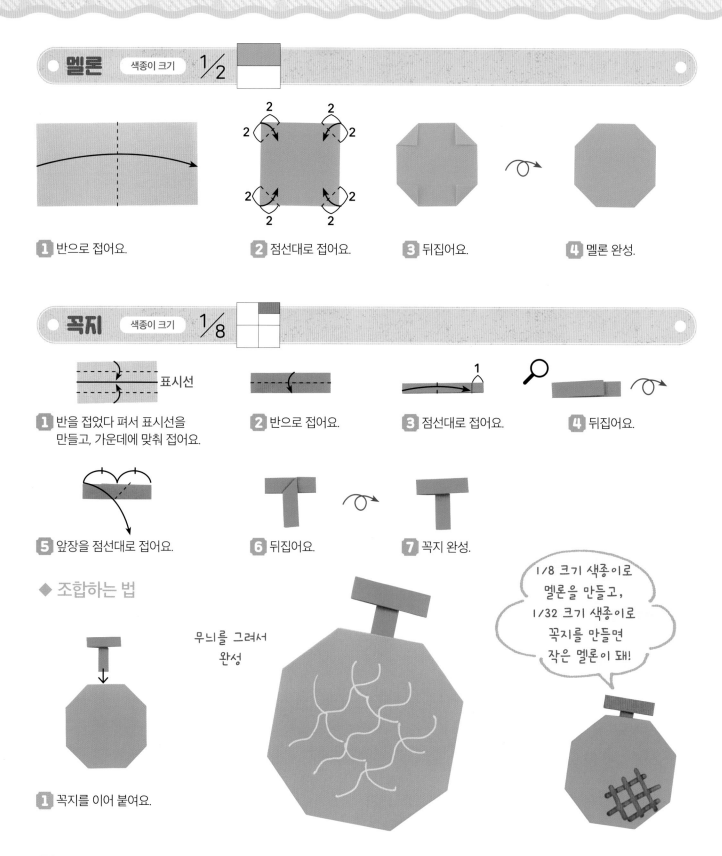

1 반으로 접어요.

2 점선대로 접어요.

3 뒤집어요.

4 멜론 완성.

꼭지 색종이 크기 $\frac{1}{8}$

1 반을 접었다 펴서 표시선을 만들고, 가운데에 맞춰 접어요. ── 표시선

2 반으로 접어요.

3 점선대로 접어요.

4 뒤집어요.

5 앞장을 점선대로 접어요.

6 뒤집어요.

7 꼭지 완성.

◆ 조합하는 법

무늬를 그려서 완성

1/8 크기 색종이로 멜론을 만들고, 1/32 크기 색종이로 꼭지를 만들면 작은 멜론이 돼!

1 꼭지를 이어 붙여요.

70

파인애플

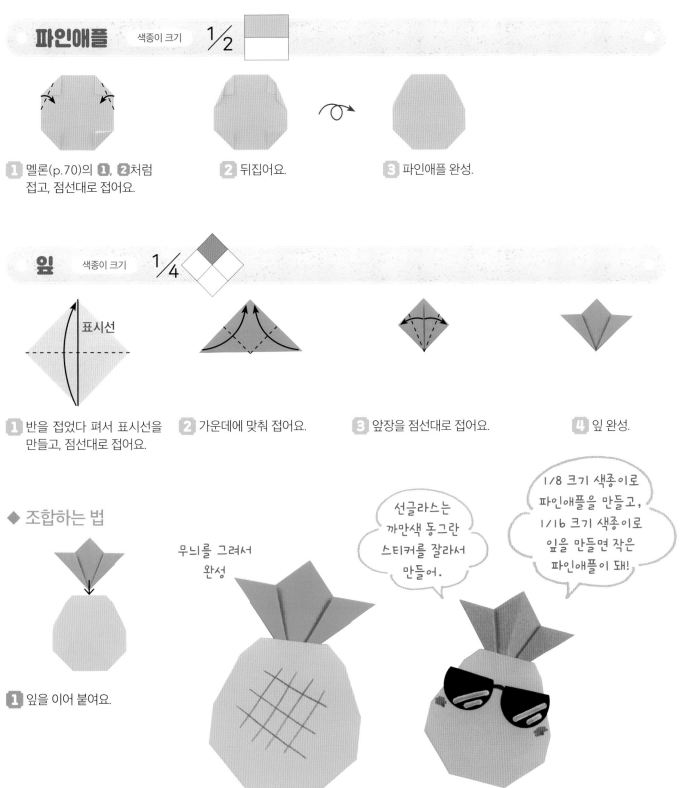

파인애플 색종이 크기 1/2

1 멜론(p.70)의 1, 2처럼 접고, 점선대로 접어요.

2 뒤집어요.

3 파인애플 완성.

잎 색종이 크기 1/4

표시선

1 반을 접었다 펴서 표시선을 만들고, 점선대로 접어요.

2 가운데에 맞춰 접어요.

3 앞장을 점선대로 접어요.

4 잎 완성.

◆ 조합하는 법

1 잎을 이어 붙여요.

무늬를 그려서 완성

선글라스는 까만색 동그란 스티커를 잘라서 만들어.

1/8 크기 색종이로 파인애플을 만들고, 1/16 크기 색종이로 잎을 만들면 작은 파인애플이 돼!

71

해바라기

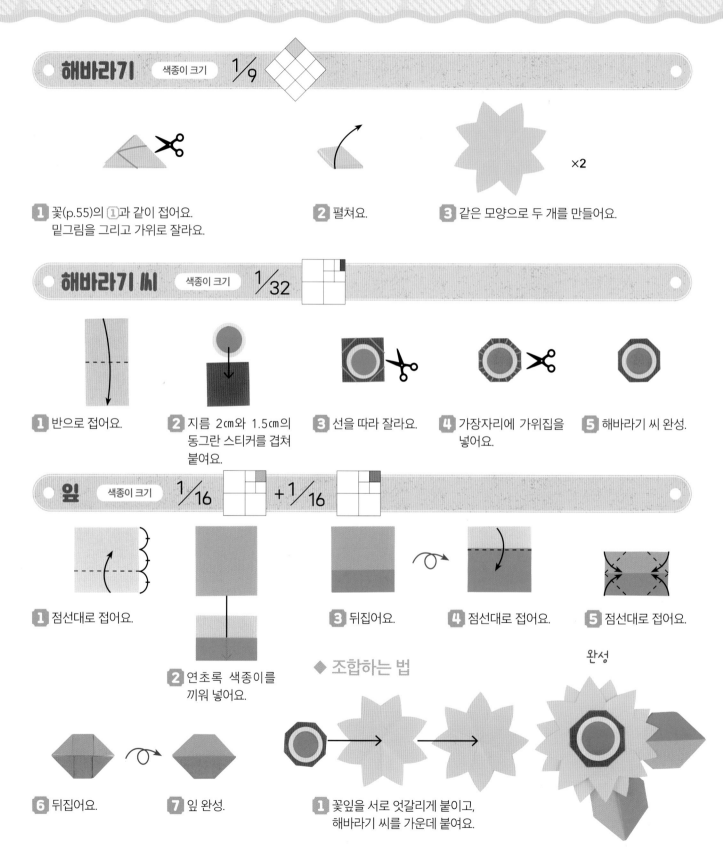

해바라기 색종이 크기 1/9

1 꽃(p.55)의 1과 같이 접어요. 밑그림을 그리고 가위로 잘라요.

2 펼쳐요.

3 같은 모양으로 두 개를 만들어요.

×2

해바라기 씨 색종이 크기 1/32

1 반으로 접어요.

2 지름 2cm와 1.5cm의 동그란 스티커를 겹쳐 붙여요.

3 선을 따라 잘라요.

4 가장자리에 가위집을 넣어요.

5 해바라기 씨 완성.

잎 색종이 크기 1/16 + 1/16

1 점선대로 접어요.

2 연초록 색종이를 끼워 넣어요.

3 뒤집어요.

4 점선대로 접어요.

5 점선대로 접어요.

6 뒤집어요.

7 잎 완성.

◆ 조합하는 법

완성

1 꽃잎을 서로 엇갈리게 붙이고, 해바라기 씨를 가운데 붙여요.

72

우산

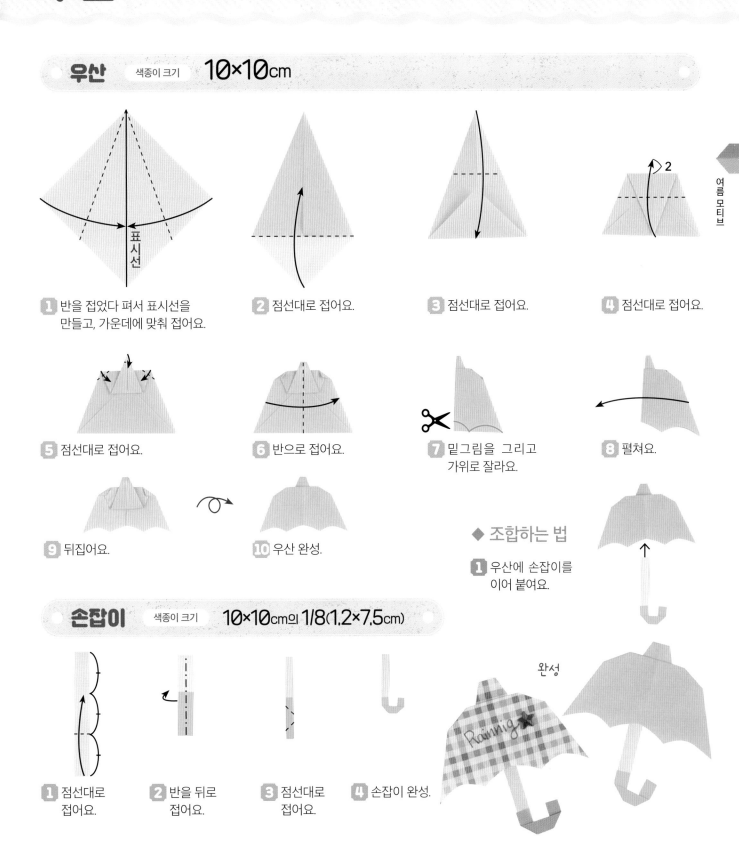

| 우산 | 색종이 크기 | **10×10**cm |

1 반을 접었다 펴서 표시선을
만들고, 가운데에 맞춰 접어요.

표시선

2 점선대로 접어요.

3 점선대로 접어요.

4 점선대로 접어요.

여름 모티브

5 점선대로 접어요.

6 반으로 접어요.

7 밑그림을 그리고
가위로 잘라요.

8 펼쳐요.

9 뒤집어요.

10 우산 완성.

◆ **조합하는 법**

1 우산에 손잡이를
이어 붙여요.

| 손잡이 | 색종이 크기 | **10×10**cm의 1/8(1.2×7.5cm) |

완성

Raining ★

1 점선대로
접어요.

2 반을 뒤로
접어요.

3 점선대로
접어요.

4 손잡이 완성.

73

호박 유령

호박 유령 색종이 크기 1

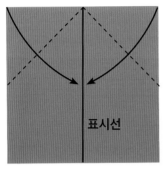

1 반을 접었다 펴서 표시선을 만들고, 가운데에 맞춰 접어요.

표시선

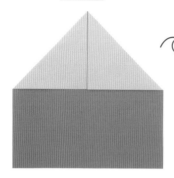

2 뒤집어요.

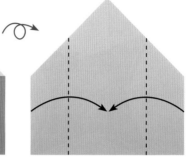

3 가운데에 맞춰 접어요

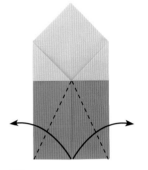

4 앞장을 점선대로 접어요.

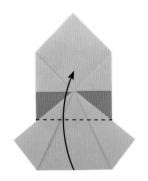

5 점선대로 접어요.

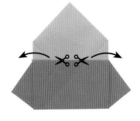

6 앞장에만 가위집을 넣고, 펼쳐요.

7 점선대로 접어요.

8 뒤로 접어요.

9 접은 모습.

유령과 호박에
얼굴을 붙여서 완성

모자도
씌워 봐.

호박 고양이·핼러윈 모자

호박 고양이   색종이 크기(양면 색종이)   1

1 호박 유령의 **1**~**5**처럼 접고, 양쪽 끝에 가위집을 넣은 뒤 접어요.

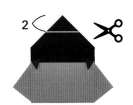

2 선을 따라 잘라요.

3 잘라낸 세모 부분을 반으로 자르고, 뒤로 접어요.

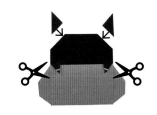

4 귀를 붙이고, 선을 따라 잘라요.

5 귀를 붙이고 가위로 자른 모습.

고양이와 호박에 얼굴을 붙여서 완성

핼러윈 모자   색종이 크기   1/4

1 반을 접었다 펴서 표시선을 만들고, 가운데에 맞춰 접어요.

표시선

2 가운데에 맞춰 접어요.

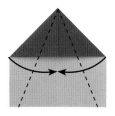

3 뒤로 접어요.

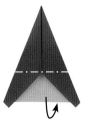

4 뒤집어요.

5 점선대로 접어요.

6 뒤로 접어요.

완성

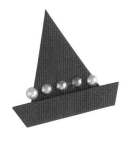

75

도토리·벽걸이 장식

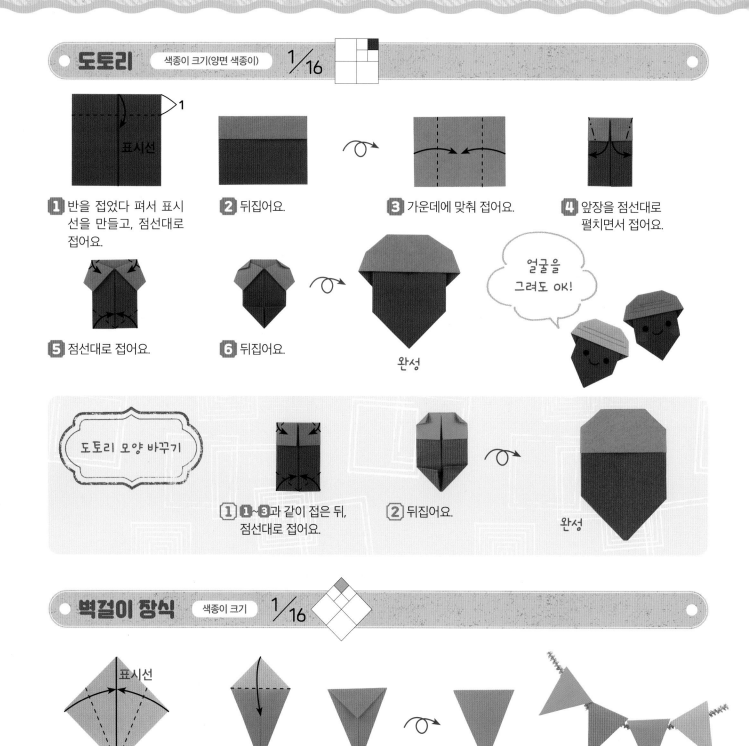

도토리 색종이 크기(양면 색종이) 1/16

1 반을 접었다 펴서 표시선을 만들고, 점선대로 접어요.

2 뒤집어요.

3 가운데에 맞춰 접어요.

4 앞장을 점선대로 펼치면서 접어요.

5 점선대로 접어요.

6 뒤집어요.

완성

얼굴을 그려도 OK!

도토리 모양 바꾸기

1 1~3과 같이 접은 뒤, 점선대로 접어요.

2 뒤집어요.

완성

벽걸이 장식 색종이 크기 1/16

1 반을 접었다 펴서 표시선을 만들고, 가운데에 맞춰 접어요.

2 점선대로 접어요.

3 뒤집어요.

4 같은 모양을 원하는 만큼 만들고, 끈으로 꿰어서 연결해요.

완성

76

호박·사탕

호박 색종이 크기 1/2

가을 모티브

표시선

1.5

1 반을 접었다 펴서 표시선을 만들고, 가운데에 맞춰 접 어요.

2 가운데에 맞춰 접어요.

3 점선대로 접어요.

4 점선대로 접어요.

5 반을 뒤로 접어요.

6 점선을 따라 앞장은 앞으로, 뒷장은 뒤로 접어요.

7 펼쳐요.

8 점선대로 접어요.

9 뒤집어요.

완성

색종이를 얼굴 모양으로 잘라서 붙이자.

사탕

◆ 막대 사탕

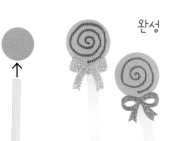

완성

1 동그란 스티커와 가늘게 자른 색종 이를 이어 붙이고, 무늬를 그려요.

◆ 사탕

완성

1 동그란 스티커를 세 개 준비해요. 두 개를 세모 모양으로 자르고, 이어 붙여요.

순무

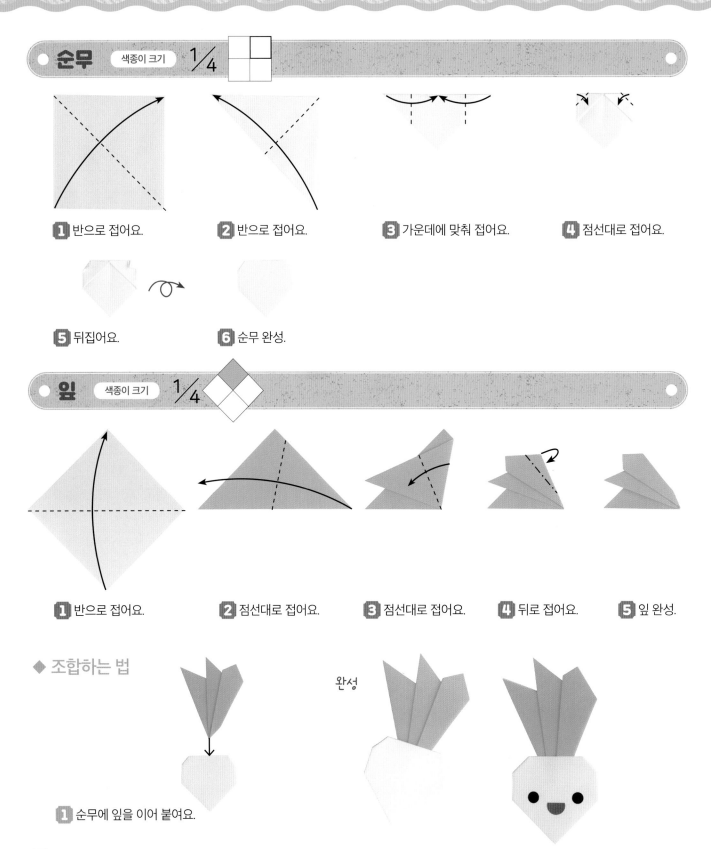

| 순무 | 색종이 크기 | 1/4 | | |

1 반으로 접어요.　　**2** 반으로 접어요.　　**3** 가운데에 맞춰 접어요.　　**4** 점선대로 접어요.

5 뒤집어요.　　**6** 순무 완성.

| 잎 | 색종이 크기 | 1/4 | |

1 반으로 접어요.　　**2** 점선대로 접어요.　　**3** 점선대로 접어요.　　**4** 뒤로 접어요.　　**5** 잎 완성.

◆ 조합하는 법

완성

1 순무에 잎을 이어 붙여요.

무

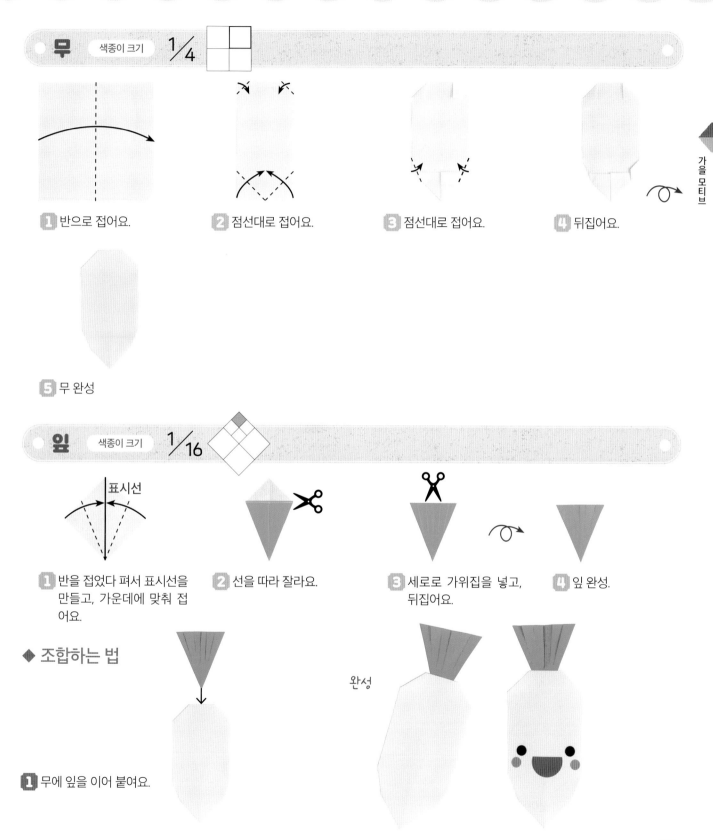

무 | 색종이 크기 1/4

1 반으로 접어요.

2 점선대로 접어요.

3 점선대로 접어요.

4 뒤집어요.

가을 모티브

5 무 완성

잎 | 색종이 크기 1/16

표시선

1 반을 접었다 펴서 표시선을 만들고, 가운데에 맞춰 접어요.

2 선을 따라 잘라요.

3 세로로 가위집을 넣고, 뒤집어요.

4 잎 완성.

◆ 조합하는 법

완성

1 무에 잎을 이어 붙여요.

파·피망

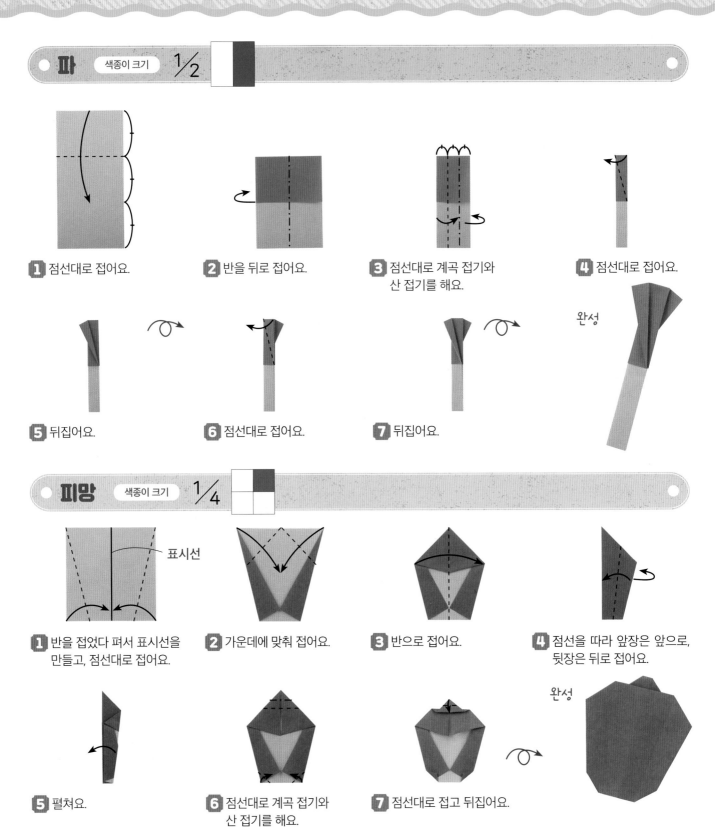

파 색종이 크기 1/2

1 점선대로 접어요.

2 반을 뒤로 접어요.

3 점선대로 계곡 접기와 산 접기를 해요.

4 점선대로 접어요.

5 뒤집어요.

6 점선대로 접어요.

7 뒤집어요.

완성

피망 색종이 크기 1/4

1 반을 접었다 펴서 표시선을 만들고, 점선대로 접어요.

표시선

2 가운데에 맞춰 접어요.

3 반으로 접어요.

4 점선을 따라 앞장은 앞으로, 뒷장은 뒤로 접어요.

5 펼쳐요.

6 점선대로 계곡 접기와 산 접기를 해요.

7 점선대로 접고 뒤집어요.

완성

당근

가을 모티브

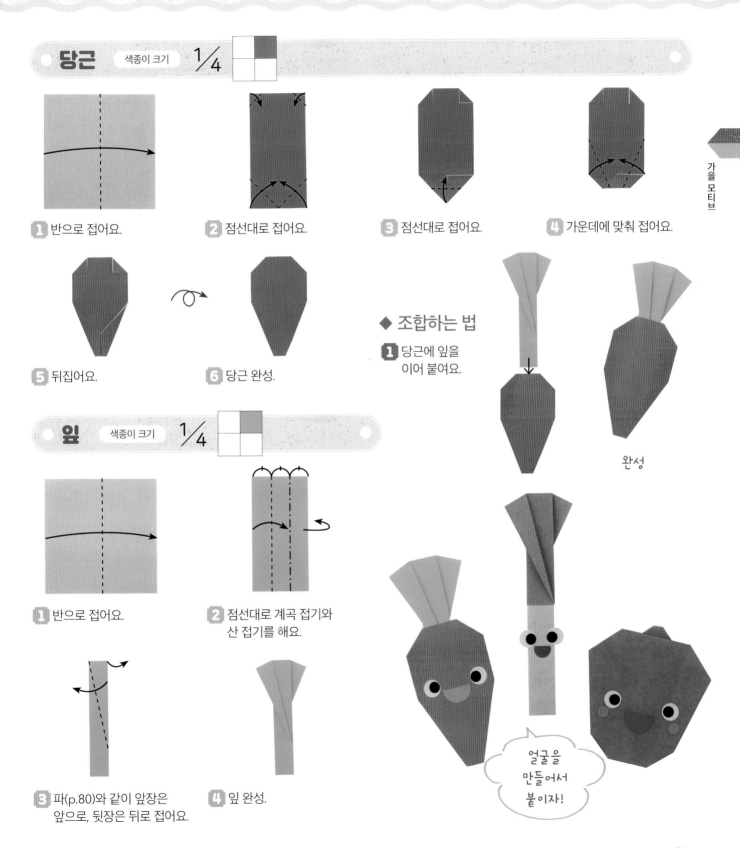

당근   색종이 크기 1/4

1 반으로 접어요.

2 점선대로 접어요.

3 점선대로 접어요.

4 가운데에 맞춰 접어요.

5 뒤집어요.

6 당근 완성.

◆ 조합하는 법

1 당근에 잎을 이어 붙여요.

완성

잎   색종이 크기 1/4

1 반으로 접어요.

2 점선대로 계곡 접기와 산 접기를 해요.

3 파(p.80)와 같이 앞장은 앞으로, 뒷장은 뒤로 접어요.

4 잎 완성.

얼굴을 만들어서 붙이자!

가지·포도

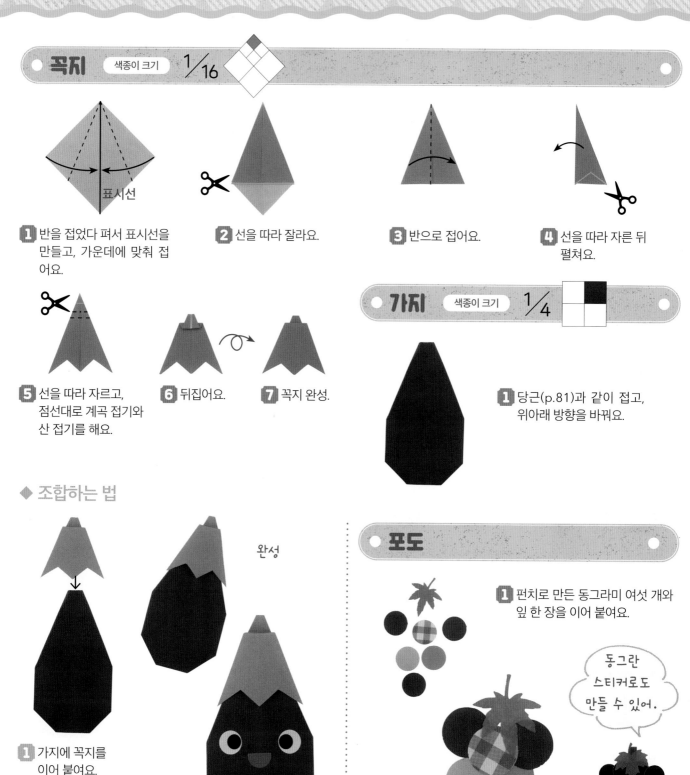

꼭지 [색종이 크기] 1/16

1 반을 접었다 펴서 표시선을 만들고, 가운데에 맞춰 접어요.

표시선

2 선을 따라 잘라요.

3 반으로 접어요.

4 선을 따라 자른 뒤 펼쳐요.

5 선을 따라 자르고, 점선대로 계곡 접기와 산 접기를 해요.

6 뒤집어요.

7 꼭지 완성.

가지 [색종이 크기] 1/4

1 당근(p.81)과 같이 접고, 위아래 방향을 바꿔요.

◆ **조합하는 법**

완성

1 가지에 꼭지를 이어 붙여요.

포도

1 펀치로 만든 동그라미 여섯 개와 잎 한 장을 이어 붙여요.

동그란 스티커로도 만들 수 있어.

완성

82

토마토

토마토 색종이 크기 1/4

1 반을 접었다 펴서 표시선을 만들고, 가운데에 맞춰 접어요.

2 반으로 접어요.

3 점선대로 접어요.

4 토마토 완성.

가을 모티브

꼭지 색종이 크기 1/16

1 가지 꼭지(p.82)의 1~4 와 같이 접고, 점선대로 접 어요.

2 뒤집은 뒤 방향을 바꿔요.

3 꼭지 완성.

◆ 조합하는 법

1 토마토에 꼭지를 끼워요.

2 점선대로 계곡 접기와 산 접기를 해요.

3 뒤집어요.

완성

산타클로스

얼굴　색종이 크기　1/4

1 반을 접었다 펴서 표시선을 만들고, 가운데에 맞춰 접어요.

표시선

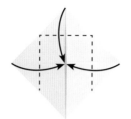

2 점선대로 접어요.

3 뒤집어요.

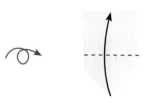

4 점선대로 접어요.

5 점선대로 접어요.

6 뒤로 접고, 선을 따라 잘라요.

7 얼굴 완성.

완성

모자　색종이 크기　6×6cm

1 긴 원피스(p.32)와 같이 접고, 뒤로 접어요.

2 모자 완성.

◆ 조합하는 법

1 모자 안쪽에 얼굴을 끼워요.

2 동그란 스티커로 눈과 코를 만들고, 입을 그려요.

3 옷은 긴 원피스(p.32), 소매와 바지는 긴팔 소매(p.33)와 똑같이 접어요. 손과 발은 동그란 스티커로 만들어(p.34) 이어 붙여요.

양말

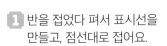

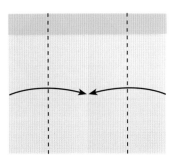

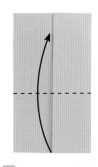

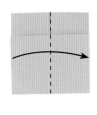

겨울 모티브

표시선

1 반을 접었다 펴서 표시선을 만들고, 점선대로 접어요.

2 가운데에 맞춰 접어요.

3 점선대로 접어요.

4 반으로 접어요.

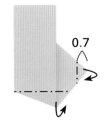

0.7

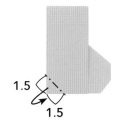

1.5

1.5

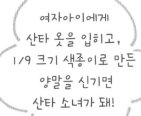

여자아이에게 산타 옷을 입히고, 1/9 크기 색종이로 만든 양말을 신기면 산타 소녀가 돼!

5 가운데를 잡아당겨서 접어요.

6 뒤로 접어요.

7 뒤로 접어요.

좋아하는 스티커를 붙여서 완성

스티커나 솜방울을 붙여서 개성 있는 양말을 만들어 봐.

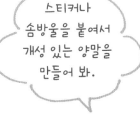

크리스마스트리

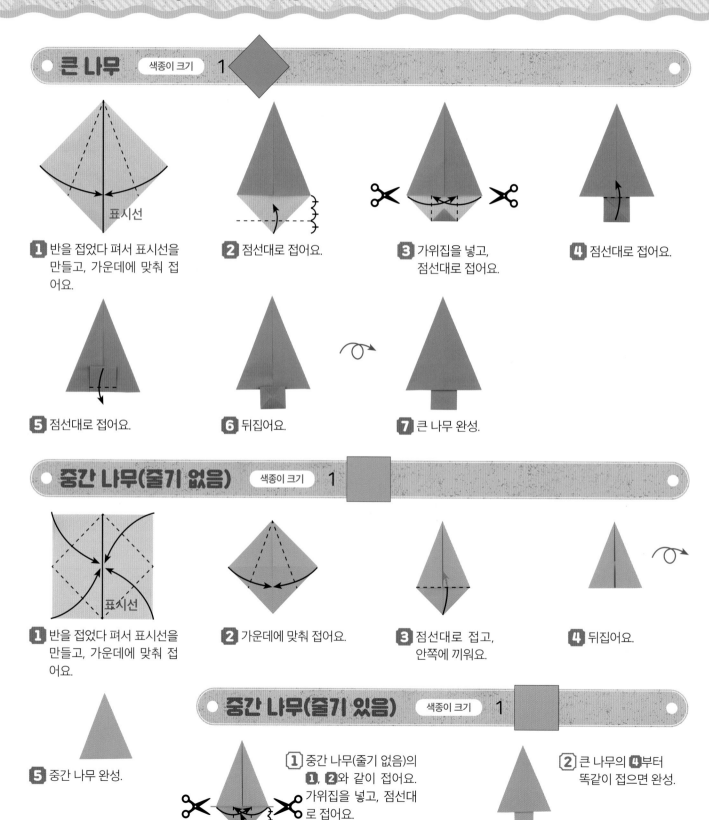

큰 나무 · 색종이 크기 1

1 반을 접었다 펴서 표시선을 만들고, 가운데에 맞춰 접어요.

표시선

2 점선대로 접어요.

3 가위집을 넣고, 점선대로 접어요.

4 점선대로 접어요.

5 점선대로 접어요.

6 뒤집어요.

7 큰 나무 완성.

중간 나무(줄기 없음) · 색종이 크기 1

1 반을 접었다 펴서 표시선을 만들고, 가운데에 맞춰 접어요.

표시선

2 가운데에 맞춰 접어요.

3 점선대로 접고, 안쪽에 끼워요.

4 뒤집어요.

5 중간 나무 완성.

중간 나무(줄기 있음) · 색종이 크기 1

1 중간 나무(줄기 없음)의 **1**, **2**와 같이 접어요. 가위집을 넣고, 점선대로 접어요.

2 큰 나무의 **4**부터 똑같이 접으면 완성.

86

작은 나무 색종이 크기 1/4

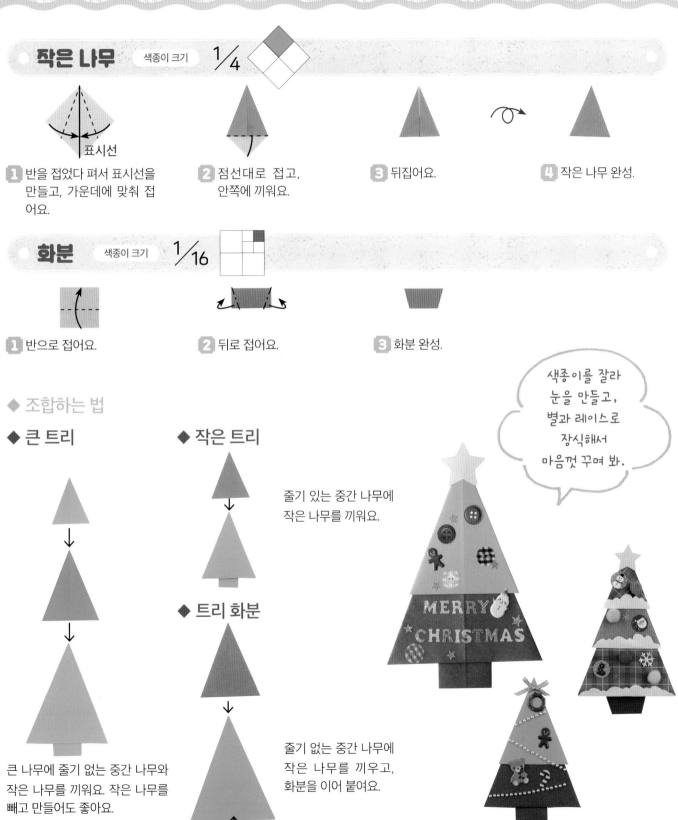

1 반을 접었다 펴서 표시선을 만들고, 가운데에 맞춰 접어요.

표시선

2 점선대로 접고, 안쪽에 끼워요.

3 뒤집어요.

4 작은 나무 완성.

겨울 모티브

화분 색종이 크기 1/16

1 반으로 접어요.

2 뒤로 접어요.

3 화분 완성.

◆ 조합하는 법

◆ 큰 트리

큰 나무에 줄기 없는 중간 나무와 작은 나무를 끼워요. 작은 나무를 빼고 만들어도 좋아요.

◆ 작은 트리

줄기 있는 중간 나무에 작은 나무를 끼워요.

◆ 트리 화분

줄기 없는 중간 나무에 작은 나무를 끼우고, 화분을 이어 붙여요.

색종이를 잘라 눈을 만들고, 별과 레이스로 장식해서 마음껏 꾸며 봐.

MERRY CHRISTMAS

87

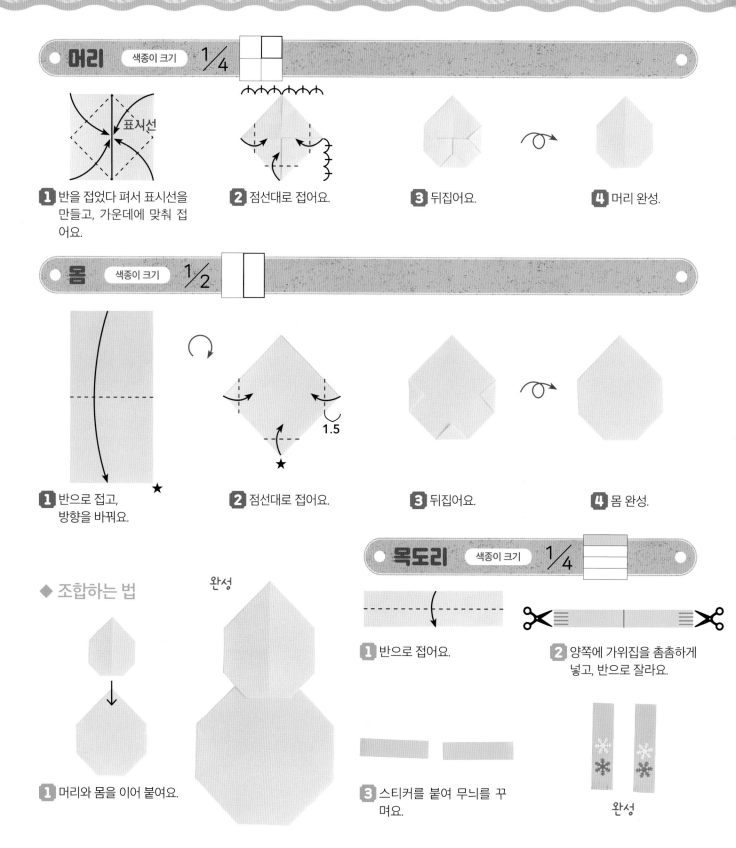

겨울 모티브
눈사람

머리 [색종이 크기] 1/4

1 반을 접었다 펴서 표시선을 만들고, 가운데에 맞춰 접어요.

2 점선대로 접어요.

3 뒤집어요.

4 머리 완성.

표시선

몸 [색종이 크기] 1/2

1 반으로 접고, 방향을 바꿔요.

2 점선대로 접어요.

1.5

3 뒤집어요.

4 몸 완성.

◆ 조합하는 법

완성

1 머리와 몸을 이어 붙여요.

목도리 [색종이 크기] 1/4

1 반으로 접어요.

2 양쪽에 가위집을 촘촘하게 넣고, 반으로 잘라요.

3 스티커를 붙여 무늬를 꾸며요.

완성

88

모자 색종이 크기 $\frac{1}{4}$

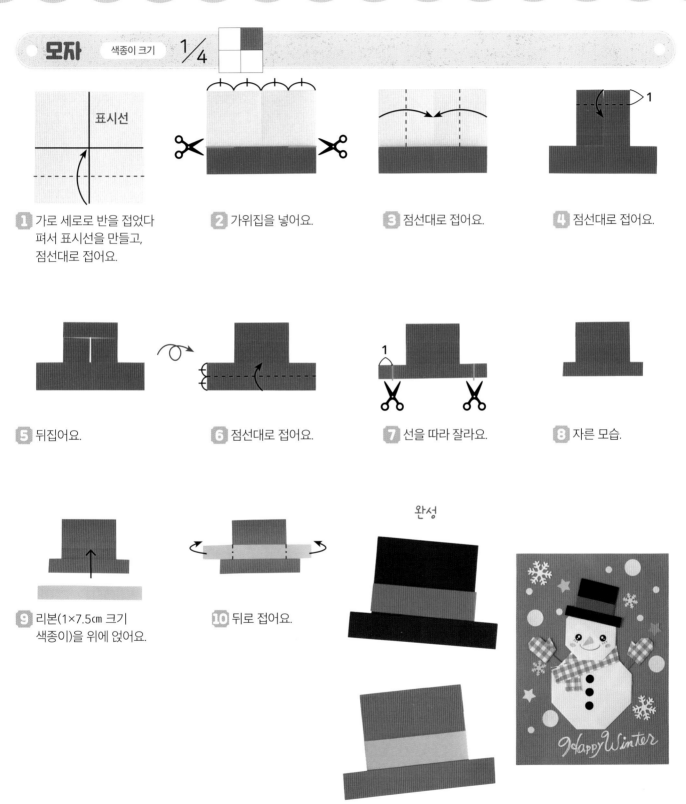

1 가로 세로로 반을 접었다 펴서 표시선을 만들고, 점선대로 접어요.

2 가위집을 넣어요.

3 점선대로 접어요.

4 점선대로 접어요.

5 뒤집어요.

6 점선대로 접어요.

7 선을 따라 잘라요.

8 자른 모습.

9 리본(1×7.5㎝ 크기 색종이)을 위에 얹어요.

10 뒤로 접어요.

완성

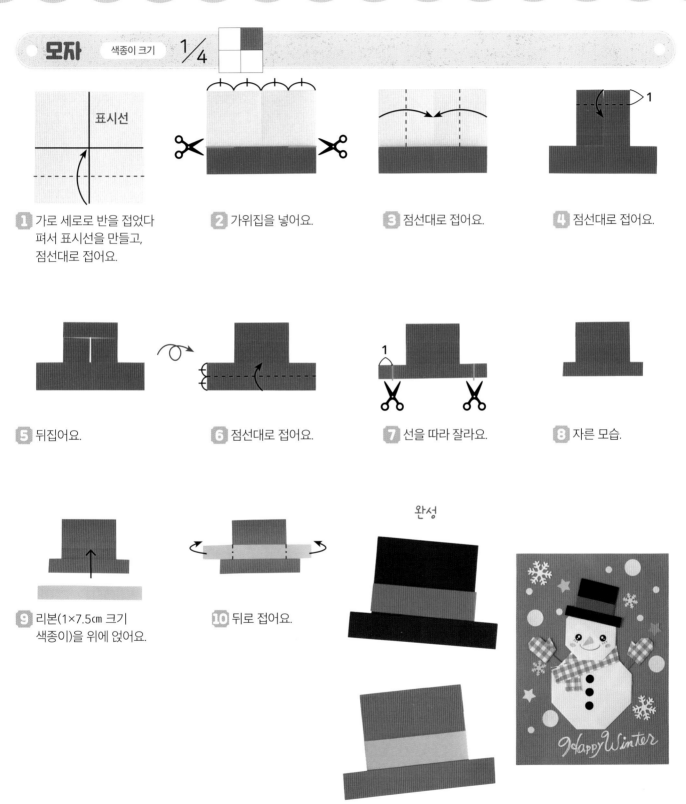

겨울 모티브

표시선

9Happy Winter

눈사람

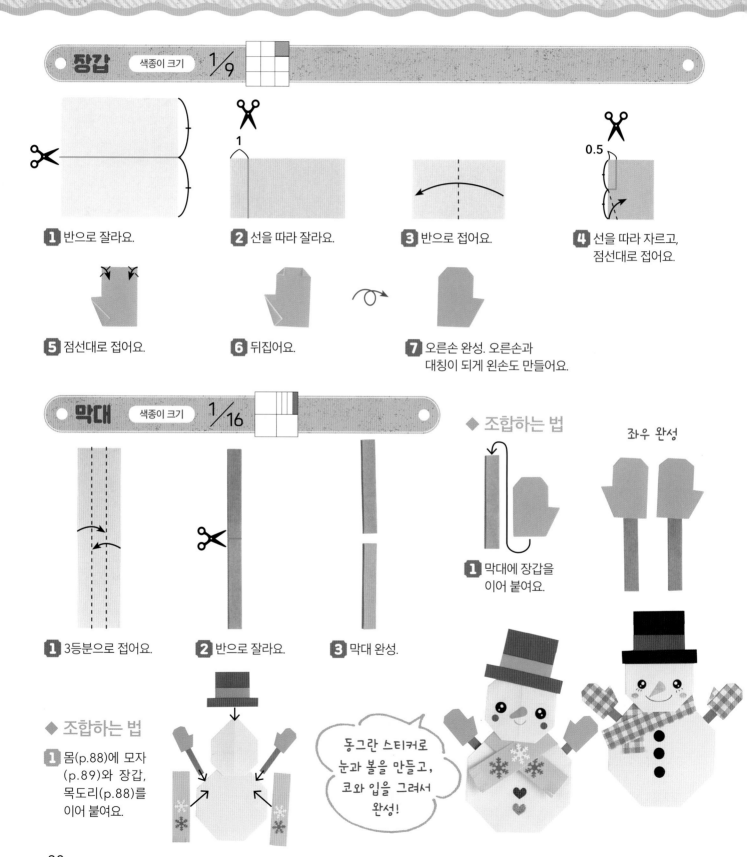

장갑   색종이 크기   1/9

1 반으로 잘라요.

2 선을 따라 잘라요.

3 반으로 접어요.

4 선을 따라 자르고, 점선대로 접어요.

5 점선대로 접어요.

6 뒤집어요.

7 오른손 완성. 오른손과 대칭이 되게 왼손도 만들어요.

막대   색종이 크기   1/16

1 3등분으로 접어요.

2 반으로 잘라요.

3 막대 완성.

◆ 조합하는 법

1 막대에 장갑을 이어 붙여요.

좌우 완성

◆ 조합하는 법

1 몸(p.88)에 모자 (p.89)와 장갑, 목도리(p.88)를 이어 붙여요.

동그란 스티커로 눈과 볼을 만들고, 코와 입을 그려서 완성!

포인세티아

겨울 모티브

포인세티아 색종이 크기 1/4

1 꽃(p.55)의 **1**과 같이 접은 뒤, 밑그림을 그리고 가위로 잘라요.

2 펼쳐요.

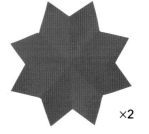

3 같은 모양으로 두 개를 만들어요. ×2

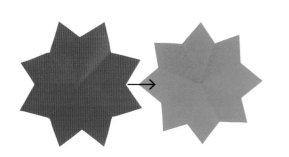

4 꽃잎을 서로 엇갈리게 겹쳐 붙여요.

5 가운데에 스티커를 붙여요.

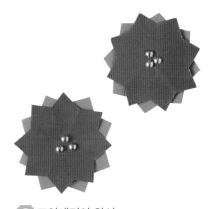

6 포인세티아 완성.

잎 색종이 크기 1/16

◆ 조합하는 법

1 들꽃 잎(p.57)의 **1**~**3**과 같이 접은 뒤, 밑그림을 그리고 가위로 잘라요.

2 펼쳐요.

3 잎 완성.

포인세티아와 잎을 이어 붙여서 완성

91

찹쌀떡

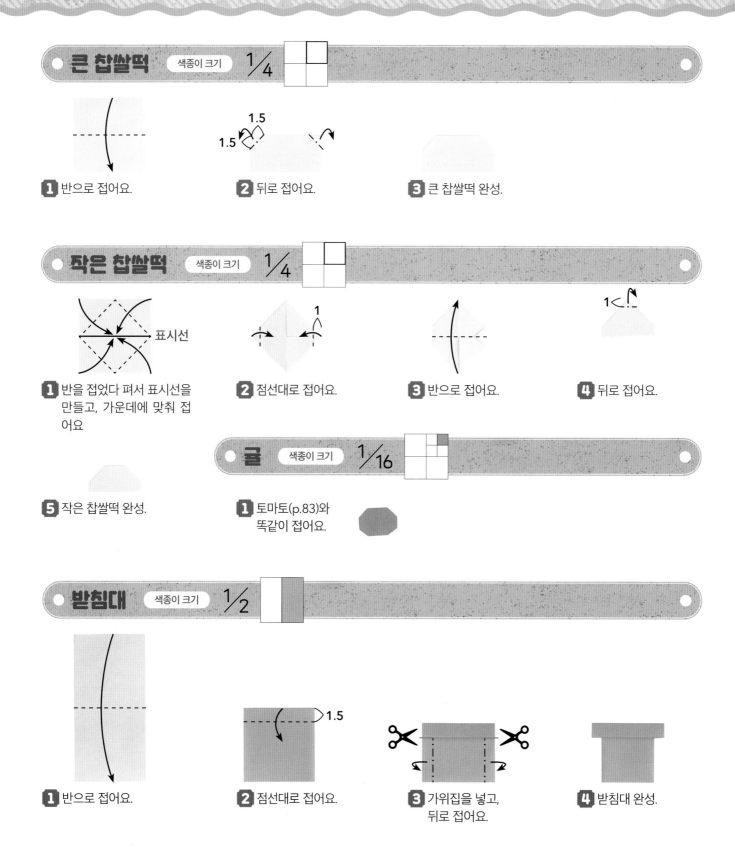

큰 찹쌀떡 색종이 크기 1/4

1 반으로 접어요.

1.5 1.5

2 뒤로 접어요.

3 큰 찹쌀떡 완성.

작은 찹쌀떡 색종이 크기 1/4

표시선

1 반을 접었다 펴서 표시선을 만들고, 가운데에 맞춰 접어요

1

2 점선대로 접어요.

3 반으로 접어요.

1<

4 뒤로 접어요.

5 작은 찹쌀떡 완성.

귤 색종이 크기 1/16

1 토마토(p.83)와 똑같이 접어요.

받침대 색종이 크기 1/2

1 반으로 접어요.

1.5

2 점선대로 접어요.

3 가위집을 넣고, 뒤로 접어요.

4 받침대 완성.

세모 장식 색종이 크기 1/16

1️⃣ 점선대로 접어요. >0.5

2️⃣ 뒤로 접어요.

3️⃣ 세모 장식 완성.

네모 장식 색종이 크기 1/16

1️⃣ 선을 따라 잘라요.

2️⃣ 빨간색, 흰색(색종이 뒷면), 빨간색 순서로 이어 붙여요.

3️⃣ 같은 모양으로 두 개를 만들어요. ×2

잎 색종이 크기 1/16

1️⃣ 포인세티아의 잎(p.91)과 똑같이 접어요. ×2

💬 색지에 붙이면 새해 느낌이 물씬 나.

◆ 조합하는 법

◆ 찹쌀떡
펀치로 만든 잎 모양, 귤, 작은 찹쌀떡, 큰 찹쌀떡을 이어 붙여요.

◆ 받침대
받침대에 세모 장식, 네모 장식, 잎, 지름 1.5㎝의 동그란 스티커를 이어 붙여요.

찹쌀떡과 받침대를 이어 붙이면 완성

나무 라켓

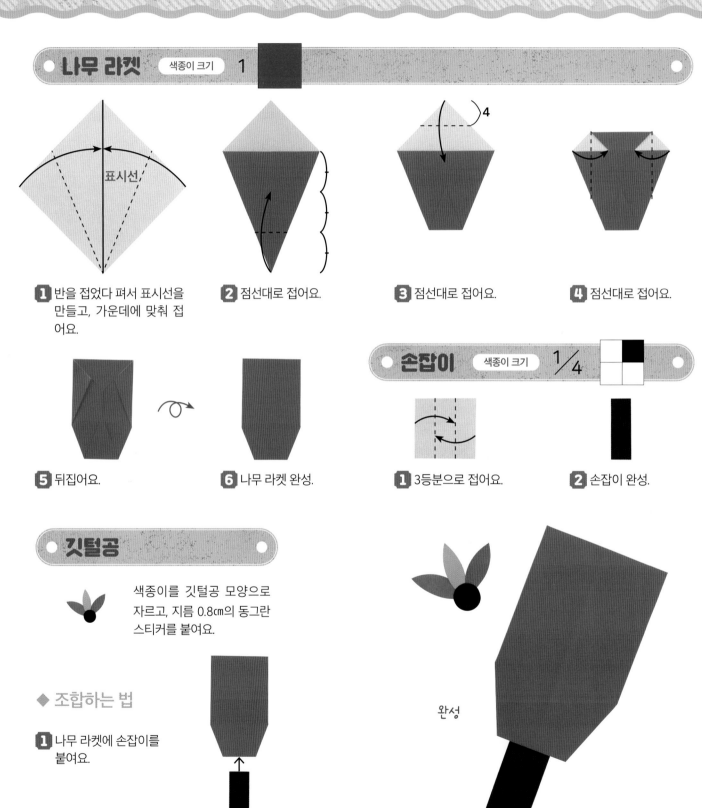

나무 라켓 색종이 크기 1

1 반을 접었다 펴서 표시선을 만들고, 가운데에 맞춰 접어요.

표시선

2 점선대로 접어요.

3 점선대로 접어요.

4 점선대로 접어요.

5 뒤집어요.

6 나무 라켓 완성.

손잡이 색종이 크기 1/4

1 3등분으로 접어요.

2 손잡이 완성.

깃털공

색종이를 깃털공 모양으로 자르고, 지름 0.8㎝의 동그란 스티커를 붙여요.

◆ 조합하는 법

1 나무 라켓에 손잡이를 붙여요.

완성

전통 부채

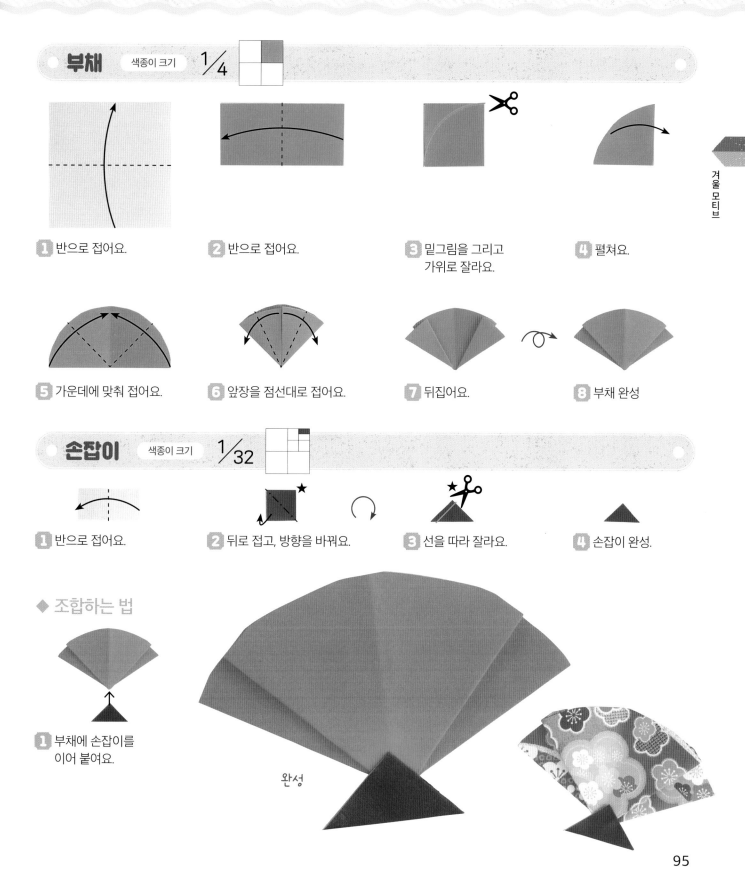

1 반으로 접어요.

2 반으로 접어요.

3 밑그림을 그리고 가위로 잘라요.

4 펼쳐요.

겨울 모티브

5 가운데에 맞춰 접어요.

6 앞장을 점선대로 접어요.

7 뒤집어요.

8 부채 완성

손잡이 색종이 크기 1/32

1 반으로 접어요.

2 뒤로 접고, 방향을 바꿔요.

3 선을 따라 잘라요.

4 손잡이 완성.

◆ 조합하는 법

1 부채에 손잡이를 이어 붙여요.

완성

매일매일 사계절 종이접기

초판 1쇄 인쇄일 2025년 3월 17일
초판 1쇄 발행일 2025년 3월 28일

지은이 이마이 미사
옮긴이 양수현
펴낸이 유성권

편집장 윤경선
편집 김효선 조아윤　　　**홍보** 윤소담　　　　**디자인** 박채원
마케팅 김선우 강성 최성환 박혜민 김현지
제작 장재균　　　　**물류** 김성훈 강동훈

펴낸곳 ㈜이퍼블릭
출판등록 1970년 7월 28일, 제1-170호
주소 서울시 양천구 목동서로 211 범문빌딩 (07995)
대표전화 02-2653-5131　**팩스** 02-2653-2455
메일 loginbook@epublic.co.kr
블로그 blog.naver.com/epubliclogin
홈페이지 www.loginbook.com
인스타그램 @book_login

로그인 은 ㈜이퍼블릭의 어학·자녀교육·실용 브랜드입니다.